LOCATIONS

MOBILIÈRES ET IMMOBILIÈRES

1° Meubles suffisants devant garnir les lieux loués ;
2° Usage de la chose louée, paisiblement et selon sa destination ;
3° Industries similaires. — Concurrence commerciale ;
4° Loyers, impôts et autres charges. — Privilège. — Consignation ;
5° Sous-location. — Principal locataire. — Interdiction de sous-louer ;
6° Réparations locatives. — Propreté. — Entretien. — Indemnités locatives ;
7° Visite des lieux avant déménagement. — Sortie des lieux ;
8° Congé. — Résiliation. — Poursuites. — Expulsion ;
9° Incendie. — Perte totale ou partielle de la chose louée ;
10° Obligations des concierges, gens de service, voisins, tiers, etc., etc. ;
11° Constructions édifiées par les locataires ;
12° Immeubles par destination.

TOME SECOND ET DERNIER

FASCICULE N° 3

Bar-le-Duc. — Typ. et Lith. Comte-Jacquet, 58, rue de la Rochelle,

Eclairage au gaz introduit dans les lieux loués. — La déclaration du preneur qu'il loue pour l'exploitation d'un restaurant, ne le dispense pas, s'il veut éclairer au gaz les lieux loués, d'en faire l'objet d'une stipulation expresse du bail. — Cour de Paris, 22 décembre 1851.

Et la circonstance que les lieux loués ont été autrefois éclairés par le gaz, n'autorise point le locataire à y établir, sans le consentement du propriétaire, ce mode d'éclairage, s'il ne faisait point partie de choses existant au moment de l'entrée en jouissance.

(Même arrêt.)

Décidé, au contraire, que le locataire d'une boutique, à qui son bail n'interdit pas de modifier l'état des lieux, est présumé avoir reçu du propriétaire l'autorisation tacite d'y introduire l'emploi du gaz, comme mode de chauffage et d'éclairage, comme en usent la plupart des locataires du même quartier (Cour de Paris, 29 novembre 1862.)

Voyez : *Usage des lieux loués suivant leur destination.*

Ecriteau à louer d'un local encore occupé. — Voyez : *Apposition d'écriteau.*

Effet du congé. — Le congé a pour effet de résoudre la location lorsqu'il a été valablement donné, ou quoique non valablement donné, lorsqu'il est accepté par celui qui l'a reçu.

Le locataire qui a reçu ou donné congé est obligé de laisser voir les lieux qu'il occupe, afin qu'ils puissent être loués à d'autres. Le refus de laisser les clefs au propriétaire ou à celui qui le remplace peut donner lieu à des dommages et intérêts contre le locataire (Voyez : *Visite des lieux*).

Ainsi, quand il y a congé, le propriétaire peut contraindre le locataire à sortir des lieux loués à l'époque fixée par le congé, et, de son côté, le locataire peut contraindre le propriétaire à le laisser sortir à cette époque (Voyez : *Expulsion*).

Le congé ne produit cet effet que lorsqu'il a été signifié. Le locataire, quoiqu'il ait continué sa jouissance, ne peut invoquer la tacite reconduction (Art. 1739, C. c.), à moins cependant que les circonstances ne fassent présumer que les parties ont renoncé au congé (Voyez : *Tacite reconduction*).

Lorsque le bailleur s'est réservé, par une clause du bail, le droit de le résilier sans indemnité dans le cas où il voudrait faire bâtir sur son terrain, cette réserve implique la condition de substituer aux lieux loués une construction nouvelle.

En conséquence, si après le départ du locataire qui s'est retiré par suite d'un congé à lui signifié, le propriétaire n'a pas fait construire et qu'il ne justifie d'aucun fait de force majeure qui l'en ait empêché, des dommages et intérêts sont dus au locataire pour réparation du préjudice qu'il a éprouvé (Trib. de la Seine, 4e Ch., 1er mai 1862 ; *Gaz. des Trib.*, 3 mai ; *Droit*, 2 mai 1862).

Pour le droit à l'écriteau, reportez-vous au mot : *Apposition d'écriteau.*

Embarras sur la voie publique résultant de l'expulsion d'un locataire. — Lorsqu'en exécution d'une décision de justice et sur l'ordre du maire, représentant la ville au profit de qui cette décision a été rendue, un huissier a procédé à la démolition d'un atelier de charron et que les outils, meubles et marchandises qui étaient dans l'atelier, ont été, avec les matériaux provenant de la démolition, déposés sur la voie publique, à la disposition du charron qui en est propriétaire, si ce dernier s'obstine à laisser ces objets sur la voie publique, malgré les invitations qui lui sont faites d'avoir à les retirer, il commet la contravention prévue par l'article 471, § 4 du Code pénal.

Vainement on objecterait que l'embarras de la voie publique provient du fait de l'huissier alors que ce dernier s'est borné à exécuter la décision judiciaire dont il avait été chargé.

Le Tribunal de simple police est incompétent pour apprécier la demande de dommages-intérêts dirigée par le propriétaire exécuté soit contre l'huissier, soit contre le maire, la question de savoir si une faute leur est imputable n'étant pas du ressort des juges de répression.

Ainsi jugé, par le rejet du pourvoi de M. Chauliac contre un jugement du Tribunal de simple police d'Aubenas, en date du 15 janvier 1886, rendu au profit de M. Audibert, huissier, et de M. le maire d'Aubenas.

M. HÉRISSON, cons. rapp.; M. ROUSSELIER, avoc. gén. (concl. conf.); Me Paul LESAGE, avocat des défendeurs.

(Cour de cassation, 1er juillet 1887.)

Entretien de la chose louée et grosses réparations à la charge du propriétaire. — Le lecteur est prié de se reporter au chapitre III du tome premier qui contient l'étude des questions suivantes :

1° Principes généraux. — Définition du sens et de la portée des différents articles du Code civil, relatifs aux réparations incombant au propriétaire.

2° L'article 1724 du Code civil n'est-il applicable qu'aux maisons d'habitation ?

3° Nomenclature des diverses réparations incombant au propriétaire.

4° Le locataire peut-il exiger le remplacement des glaces ayant des défauts de tain, des papiers de tenture passés, tachés ou vieux, des chambranles en marbre écornés ? — *Quid*, pour des crevasses au plafond ?

5° Le locataire peut-il obliger le propriétaire à exécuter les travaux prescrits par le conseil de salubrité ?

6° Précautions à prendre par le propriétaire avant de faire les réparations.

7° *Quid*, s'il déclare accepter les lieux loués dans l'état où ils se trouvent ? — *Quid*, si le locataire entre dans les lieux sans exiger les réparations au moment de la prise de possession ? — *Quid*, s'il y a eu état des lieux constatant la défectuosité de certains objets ou accessoires de la location ?

8° Le propriétaire peut-il s'affranchir des travaux d'entretien ? — Distinction entre l'entretien et le même entretien dit locatif. — En tout cas, si le locataire doit supporter le gros entretien, quelles sont les obligations du propriétaire ? — Ce qu'il est raisonnable d'imposer au locataire ? — *Quid*, pour les grosses réparations ?

9° Si, au lieu d'une clause formelle, nette et précise, comme cela est indiqué dans le § 6, le propriétaire stipule simplement que le locataire ne pourra exercer aucune action pour quelque cause que ce soit, cela peut-il s'entendre comme l'affranchissant de l'entretien ?

10° Dans quel cas une clause du bail peut-elle affranchir le bailleur des conséquences de l'article 1729 du Code civil, en ce qui touche les *grosses réparations?* — *Quid*, pour vices cachés ou autres ?

11° Si la maison louée est susceptible à reculement, le locataire est fondé à réclamer un dommage, quand bien même il se serait engagé à subir les grosses réparations pendant plus de quarante jours, sans indemnité.

12° Etant donné que le locataire doit supporter les dépenses de *gros entretien* (§ 7), si le locataire n'a que peu ou point entretenu, quels sont les travaux que ce locataire devra refaire à la fin du bail ? — Distinction entre les grosses réparations et le gros entretien.

13° Un locataire qui, par son bail, s'engagerait à supporter les grosses réparations, serait-il tenu de supporter les frais relatifs aux mitoyennetés, gros œuvre, raccords, indemnités locatives, etc. ?

14° Au cas où le locataire s'engage à souffrir les *grosses réparations :* une telle clause peut-elle s'appliquer aux travaux exécutés sur la demande du voisin en vertu d'une servitude en général et d'un mur mitoyen en particulier ? — Le locataire a-t-il le droit de demander la résiliation du bail ?

15° *Quid*, si le logement est *inhabitable ?* — Que faut-il entendre par ce mot : *inhabitable* ? — Quand bien même les réparations pourraient être faites en moins de quarante jours, le locataire est-il fondé à demander la résiliation du bail ? — Quelles sont les circonstances de fait qui peuvent rendre les lieux loués inhabitables ?

16° Dans quels cas le bailleur peut-il obliger le locataire à souffrir les grosses réparations ? — Distinction à faire entre les réparations *urgentes* et celles qui peuvent être *différées*. — Que faut-il entendre par ces mots : *réparations urgentes ?* — Le bailleur peut-il obliger le locataire à subir les réparations, si celui-ci préfère une diminution de jouissance à la gêne toujours occasionnée par les travaux ? — *Quid*, si le locataire n'a pas de bail ?

17° Lorsque le propriétaire et le locataire conviennent de faire à frais communs des réparations, qui a le droit de les faire exécuter ?

18° *Quid*, si le locataire refuse de laisser faire les réparations ?

19° Refus du propriétaire de faire les réparations. — Procédure à suivre.

20° Le propriétaire qui n'entretient pas son immeuble, ainsi que l'exige la loi, peut-il être condamné à payer des dommages-intérêts à son locataire, s'il y a dommage causé? — *Quid*, s'il n'y a pas de sa faute ?

21° Durée des réparations. — Temps pendant lequel le locataire doit les souffrir sans indemnité ? — Lorsque les réparations ont duré plus de quarante jours, à partir de quel jour doit-on calculer la réparation du dommage ?

22° Sous prétexte qu'il y a eu trouble, pour *une partie* seulement des lieux loués, le locataire peut-il se refuser au payement des loyers ?

23° En cas d'incendie est-il dû une indemnité ?

24° Le locataire peut-il d'office, et sans y être autorisé, faire certaines réparations nécessaires et s'en faire rembourser le montant par le bailleur ?

25° Résiliation du bail. — *Quid*, si les dégradations sont telles qu'elles empêchent l'habitation ou l'exploitation ; et si le locataire ne veut pas faire les avances ? — Dans ce cas, y a-t-il lieu à résiliation du bail ?

26° Résiliation du bail. — Si les réparations doivent se faire à une construction *récente* ou pour réparation d'un *vice caché*, le locataire peut-il demander la résiliation de son bail ?

27° Résiliation du bail. — Si les réparations sont imputables à une faute du propriétaire, y a-t-il lieu à résiliation du bail ?

28° Résiliation du bail. — Si le locataire se trouve privé de son logement, peut-il demander la résiliation du bail ?

29° Résiliation du bail. — En cas de refus du propriétaire de faire les réparations, le locataire l'assigne et le fait condamner. Malgré cela, le propriétaire néglige l'exécution du jugement. Dans ce cas, le locataire peut-il demander à faire lui-même les réparations, et à en retenir le montant sur les loyers ?

30° S'il y a *sous-location*, le *cédant* peut-il actionner le bailleur pour l'obliger à faire de grosses réparations ? — Si le propriétaire est condamné à payer une somme quelconque, le montant de cette condamnation pourra-t-il être retenu sur les loyers dus ?

Engagement de location non fait en double. — Le locataire qui, après avoir signé une déclaration constatant qu'il a loué, refuse de prendre possession de l'appartement, et vient devant le Tribunal arguer de la nullité de sa déclaration, comme n'étant pas faite en double et ne constituant pas un bail, peut, par application de l'article 1382 du Code civil, être condamné à des dommages-intérêts pour inexécution des conventions verbales (Trib. de la Seine, 5e Ch., 22 mai 1844 ; *Gaz. des Trib.*, 23 mai 1844).

Voyez : *Bail fait sans écrit n'ayant reçu aucun commencement d'exécution. — Promesse de bail.*

Enlèvement total ou partiel de meubles garnissant les lieux loués. — La loi, en accordant au propriétaire le droit d'empêcher le locataire d'enlever les meubles qui garnissent les lieux loués, n'a pas voulu ôter à ce dernier toute disposition des objets qu'il y a introduits. Ainsi, il y aurait, de la part du propriétaire, susceptibilité mal placée, et même résistance qui ne serait fondée, ni en droit, ni en équité, s'il s'opposait à l'enlèvement d'une partie des meubles du locataire, lorsque ce dernier en laisse suffisamment pour répondre du paiement des loyers et des autres obligations du bail. (Cass., 8 déc. 1806 ; Bordeaux, 11 janv. 1826 ; Rouen, 30 juin 1846, S. V. 47. 2. 540).

Pareillement, lorsque le locataire, pour le paiement de son loyer, offre une garantie suffisante au propriétaire, ce locataire a le droit d'enlever des lieux loués la totalité du mobilier qui les garnit. La consignation d'une somme équivalant à deux années de loyer peut être, dans ce cas, considérée comme une garantie suffisante (Trib. de la Seine, 4e Ch., 20 janv. 1863).

Nous pensons aussi que le locataire a le droit d'enlever ses meubles des lieux loués, encore que ceux qu'il laisse ne soient que suffisants pour répondre du prix du loyer, quand il le fait pour les remplacer par d'autres. Par exemple, si le locataire remplace un vieux mobilier par un neuf, ou bien s'il échange un mobilier qui lui déplaît ou des objets mobiliers quelconques pour d'autres. (A.)

En outre, la loi attribue au propriétaire un *droit de suite* sur les meubles déplacés sans son consentement. — V. art. 2102-1°.

Lorsque le locataire a effectué l'enlèvement de ses meubles, successivement et à diverses époques, le délai de quinzaine accordé au propriétaire pour procéder à la saisie-revendication court à partir du dernier enlèvement partiel (Trib. de la Seine, Ch. des vacat., 3 oct. 1849, *Droit*, 5 oct. 1849).

Il résulte donc de l'article 2102 que le locataire ne peut déplacer (c'est-à-dire, sortir des meubles qui sont une fois entrés dans les lieux loués), sans le consentement du propriétaire. A plus forte raison, le locataire ne peut pas les vendre, même de bonne foi, sans ce consentement préalable ; s'il les vend, le propriétaire est autorisé à les revendiquer entre les mains des tiers : nous disons que, pour qu'il y ait lieu à revendication, il faut que les meubles aient été déplacés sans le *consentement* du propriétaire bailleur ; d'où il suit que s'il a donné son consentement, la revendication ne saurait être admise. Ce consentement du propriétaire bailleur peut être donné *expressément* ou *tacitement*. Nous pensons avec M. Troplong (n° 163), dont l'opinion est toujours si importante, que la simple connaissance du transport des meubles, sans réclamation de la part du propriétaire, suffirait pour lui interdire le droit de réclamer. En effet, toutes les fois que les meubles sortent de chez lui, lorsqu'il en a connaissance, ils cessent de lui servir de gage et de nantissement, et il n'y a ni droit de suite (c'est-à-dire, de poursuivre entre des mains tierces) ni privilège. (A.)

Ainsi, le propriétaire qui, avec connaissance, aura laissé le locataire, à l'expiration du bail, sortir de chez lui, et qui ne se sera point opposé à l'enlèvement des meubles, ne pourra exercer de recours contre ces objets.

Lorsque le locataire quitte la maison ou l'appartement qu'il occupait, et transporte ses meubles dans une autre maison ou appartement nouvellement loué, le précédent bailleur peut les y revendiquer pendant quinze jours, s'il a ignoré le déplacement ; car, s'il en avait connaissance, il devait s'y opposer. Le nouveau bailleur ne peut se prétendre nanti qu'autant que le précédent bailleur ne peut exercer son droit de revendication ; mais, si les meubles ont été enlevés à l'insu du premier bailleur, le droit de revendication, qu'il a la faculté d'exercer sur eux pendant quinze jours, lui donne préférence sur le second bailleur qui viendrait réclamer les loyers. C'est, au reste, ce que pensent tous les auteurs.

Voyez : *Saisie-revendication.*

Enlèvement de marchandises garnissant un magasin. — Le propriétaire, a pour gage et garantie du paiement des loyers, tout ce qui garnit les lieux loués. Toutefois le commerçant peut librement faire sortir, suivant les besoins de son commerce, les marchandises qui garnissent soit la boutique, soit les magasins qui lui ont été loués, à la condition de les remplacer au fur et à mesure des ventes.

Mais qu'arriverait-il si, pour une raison ou une autre, le locataire écoulait ses marchandises sans les remplacer? Le propriétaire pourrait-il recourir à une mesure de garantie pour assurer la conservation de son gage, et notamment pourrait-il faire nommer un séquestre chargé de surveiller les ventes faites par son locataire?

Telle est la question qui vient d'être résolue affirmativement dans les circonstances de fait suivantes :

M. Maréchal est propriétaire d'une maison sise à Paris, rue Halévy, n° 16. Il a pour locataires MM. Lévy et Worms, marchands de curiosités et d'objets d'art. Ces derniers doivent à M. Maréchal trois termes de loyer, s'élevant à la somme de 27,477 fr.

Le propriétaire se plaint de ce que ses locataires se contentent d'écouler leurs marchandises sans les remplacer, et pour assurer le recouvrement des loyers arriérés, il a assigné en référé MM. Lévy et Worms pour faire nommer un séquestre chargé de recevoir, chaque soir, les sommes encaissées, sur le vu des livres qui devront lui être représentés, pour le produit des recettes lui être attribué.

Sur les observations de Me Rivière, avoué de M. Maréchal, et de Me Lemonnier, avoué de MM. Lévy et Worms, M. le président a rendu l'ordonnance dont voici les termes :

« Attendu que Maréchal, propriétaire de la maison sise à Paris, rue Halévy, n° 16, créancier de Lévy et Worms, de plusieurs termes de loyer, se plaint de ce que ces locataires font disparaître, sans les remplacer, suivant les habitudes du commerce, les objets de curiosités et marchandises se trouvant dans la boutique et dépendances à eux louées ; qu'il s'agit d'une location consentie moyennant une somme importante ;

« Que le gage mobilier diminue ;

« Que si les susnommés opèrent une liquidation de leurs marchandises, le propriétaire a intérêt à la surveiller ;

« Disons qu'à défaut par Lévy et Worms de, dans la quinzaine, s'être libérés de leurs loyers en retard, Morin que nous nommons séquestre des objets mobiliers, de curiosité et autres faisant partie du fonds de commerce de Lévy et Worms, est autorisé à contrôler toutes les ventes quotidiennes que feront ces derniers, et les recettes de ces ventes dont moitié devra lui être régulièrement versée, l'autre moitié restant à Lévy et Worms pour subvenir aux dépenses, sinon s'opposera à toutes sorties de marchandises, prescrira toutes mesures conservatoires, tiendra écritures régulières, versera tous acomptes au propriétaire et du tout rendra compte ultérieurement, etc. »

Enlèvement des portes et croisées d'un local occupé induement par un locataire refusant de quitter les lieux. — Voyez : *Expulsion.*

Enregistrement des baux écrits ou verbaux. — Les baux à loyer des biens meubles ou immeubles, *lorsque la durée en est limitée*, sont sujets au droit d'enregistrement de vingt centimes par cent francs, *sur le prix cumulé* de toutes les années (Loi du 16 juin 1824, art. 1er, qui a remplacé l'art. 69, § 2, de la loi du 22 frim. an VII et l'art. 8 de la loi du 27 ventôse an IX). Ce droit est exigible lors de l'enregistrement. Toutefois, si le bail est de plus de trois ans, et si les parties le *requièrent*, le montant du droit pourra être fractionné en autant de paiements égaux qu'il y aura de périodes triennales dans la durée du bail. Le paiement des droits afférents à la première période sera seul acquitté lors de l'enregistrement, et celui des périodes subséquentes aura lieu dans le premier mois de l'année qui commencera chaque période (Art. 11, § 8, de la loi du 23 août 1871).

Les sous-locations, cessions et subrogations sont soumises au même droit.

Il faut ajouter au prix du bail, pour la perception du droit, les charges imposées au preneur, et qu'il doit supporter à la décharge du bailleur ; par exemple, la contribution foncière, les grosses réparations (Loi du 22 frimaire an VII, art. 15, n° 1er.)

L'obligation de payer six mois d'avance à l'époque de l'entrée en jouissance, ou la quittance qui est donnée à ce sujet dans le bail, ne sont point passibles d'un droit particulier : ces dispositions diverses dérivent de la convention (Décisions du ministre des finances des 10 août 1815 et 6. déc 1820).

Les baux, sous-baux, cessions et subrogations de baux de biens immeubles faits sous signature privée doivent être enregistrés dans le délai de trois mois, s'ils sont faits en France; de six mois, s'ils sont faits en Europe ; d'une année, si c'est en Amérique, et de deux ans, si c'est en Asie ou en Afrique, *à peine du double droit dont nous parlerons plus loin.*

Avant les lois récentes, les locations verbales étaient exemptes du droit d'enregistrement. Ce droit n'était pas dû non plus pour les locations par tacite réconduction, puisque la tacite réconduction n'opérait qu'un bail verbal. Il n'en est plus de même maintenant ; diverses dispositions nouvelles ont été prises, en voici la substance :

Lorsqu'il n'existe pas de conventions écrites constatant une mutation de jouissance de biens immeubles, par exemple une location, il y est suppléé par des déclarations détaillées et estimatives qui doivent être faites au bureau de l'enregistrement (ou chez les percepteurs des contributions directes dans les communes où il n'existe pas de bureau d'enregistrement), dans les trois mois de l'entrée en jouissance (Art. 11, § 1er, de la loi du 23 août 1871. Inst. gén. Régie, n° 2418).

Si la location est faite suivant l'usage des lieux, la déclaration en contiendra mention (Même loi, art. 11, § 2).

Les droits d'enregistrement deviennent exigibles dans les vingt jours qui suivent l'échéance de chaque terme, et la perception en est continuée jusqu'à ce qu'il ait été déclaré que le bail a cessé ou qu'il a été résilié (Même loi, art. 11, § 3).

En cas de déclaration insuffisante, il est fait application des articles 19 et 39 de la loi du 22 frimaire an VII (Même loi, art. 11, § 4), c'est-à-dire que pour établir l'insuffisance des déclarations, l'administration est autorisée à recourir, soit à l'expertise, soit aux autres moyens de preuves indiqués par l'article 19 de la loi de frimaire, et lorsque l'insuffisance sera constatée par un rapport d'experts, les frais d'expertise seront payés par le déclarant, conformément à l'article 39 de la même loi, quelle que soit d'ailleurs la différence du revenu (Inst. Régie, 213). Des règles spéciales à ce genre d'expertise sont tracées sous l'article 15 de la même loi du 23 août 1871).

La déclaration, lorsqu'il s'agit de location verbale, doit être faite par le bailleur, qui est tenu du paiement des droits, sauf son recours contre le preneur. Néanmoins les parties restent solidaires pour le paiement du droit simple (Loi, 23 août 1870, art. 11, § 5 ; Loi, 25 fév. 1872, art. 10).

Ainsi, les propriétaires peuvent faire figurer cet impôt par eux acquitté, sur leurs quittances de loyers, avec les autres charges telles que : contributions de portes et fenêtres, impôts divers et autres accessoires de la location. Ils ont pour le remboursement de ce droit le même privilège que pour les loyers.

Ne sont pas assujetties à la declaration, les locations verbales ne dépassant pas trois ans et dont le prix annuel n'excède pas cent francs. Toutefois, si le même bailleur a consenti plusieurs locations verbales de cette catégorie, mais dont le prix cumulé excède cent francs annuellement, il sera tenu d'en faire la déclaration et d'acquitter personnellement et sans recours les droits d'enregistrement (L. 23 août 1871, art. 11, § 6).

Le recours du propriétaire contre le locataire n'a lieu qu'autant que le prix de la location verbale est supérieure à cent francs annuellement (Même loi, art. 11, § 7).

L'article 14 de la loi du 23 août 1871 édicte en outre les pénalités suivantes :

A défaut d'enregistrement d'un bail sous seing privé dans les délais fixés par les lois du 22 frimaire an VII, 27 ventôse an IX, et par l'article 11 de la loi du 23 août 1871 (V. ci-dessus l'indication de ces délais), le bailleur et le preneur sont tenus personnellement et sans recours, nonobstant toute stipulation contraire, d'un droit en sus, lequel ne peut être inférieur à cinquante centimes. Le bailleur peut s'affranchir du droit en sus qui lui est personnellement imposé, ainsi que du versement immédiat des droits simples, en déposant dans un bureau d'enregistrement l'acte constatant la mutation de jouissance. Outre les délais fixés pour l'enregistrement de cet acte, un délai d'un mois est accordé au bailleur pour faire ce dépôt.

Le droit d'enregistrement des *cautionnements* des baux est de moitié de celui fixé pour les baux.

Le bail d'un appartement meublé, lorsqu'il est fait par écrit, est sujet au droit de 20 centimes par 100 francs. Le droit se liquide sur le prix à payer pour le temps convenu, ou, à défaut d'indication de durée, d'après le temps déterminé par l'usage des lieux (Arg. de l'article 1758, C. civ.; Rolland de Villargues, v° *Bail d'un appartement meublé*, n° 7).

Aux droits d'enregistrement simples et en sus dont nous venons d'indiquer le chiffre, il faut ajouter le double décime par franc établi par les lois des 6 prairial an VII, 2 juillet 1861, et 23 août 1871, article 1er.

Enseigne. — Le droit de placer des enseignes, écriteaux, etc., a donné lieu à une infinité de décisions de justice qu'il importe de connaître, et qui fixent aussi parfaitement que possible la Jurisprudence sur ce point.

Nous détachons les décisions les plus importantes :

1° En l'absence de conventions contraires, le locataire d'une boutique a le droit de placer des *tableaux ou cadres, indiquant sa profession*, sur le pilastre de sa boutique; en cela, il ne fait que se conformer à l'usage. — Tr. de la Seine, 10 juin 1836, J. G. *Louage*, 287-3°.

2° Mais il appartient au propriétaire de régler, entre les locataires de sa maison, l'exercice du droit à l'*enseigne;* par suite, dans le cas où un locataire exerçant la profession de commerçant a fait apposer, outre les enseignes qui lui sont nécessaires, diverses autres enseignes couvrant une partie de la façade de la maison, sans en avoir obtenu l'autorisation expresse ou tacite du propriétaire, celui-ci est fondé à en demander la suppression, alors même que cet état de choses existerait depuis plusieurs années, et qu'aucun locataire présent n'aurait élevé de réclamation. — Tr. de la Seine, 26 janvier 1853, D. P. 54. 3. 8.

3° L'autorisation donnée au locataire, par une clause du bail, d'annoncer son industrie par des enseignes dont le nombre, la forme et le lieu d'apposition sont spécialement indiqués, est réputée limitative, et fait obstacle à ce que le locataire fasse usage d'autres moyens d'indiquer extérieurement l'exercice de sa profession (C. civ. 1156 et 1164). — Paris, 23 janvier 1869, D. P. 69. 2. 193.

4° Le locataire d'un appartement est, à moins de conventions contraires, censé locataire de la partie extérieure de la façade qui correspond à l'appartement loué, depuis le niveau du plancher jusqu'à la hauteur du plafond; ainsi le commerçant, dont l'enseigne, dépassant la hauteur de son magasin, s'élève jusqu'à l'accoudoir des fenêtres de l'étage supérieur, n'est pas fondé à se plaindre que le locataire de ce dernier étage, également commerçant, en suspendant à cet accoudoir les objets de son commerce, couvre, en partie, les lettres de l'enseigne. — Pau, 5 février 1858, D. P. 58. 2. 135-136.

5° Une enseigne apportée par le locataire et du consentement du propriétaire, dans un hôtel qu'il a loué, peut être emportée par lui à la fin du bail. — Req. 6 déc. 1837, J. G. *Louage*, 560.

6° La propriété d'un nom patronymique est inaliénable et imprescriptible dès qu'il ne s'agit pas d'un nom affecté à une exploitation industrielle ou à la désignation de certains produits.

En conséquence, ceux qui ont droit de porter un nom peuvent en interdire l'usage et en revendiquer la possession exclusive dès que l'usage qui en est fait, même depuis fort longtemps et avec le concours unanime du public, leur paraît de nature à porter atteinte à leur considération.

Le locataire d'une salle de concerts, troublé dans sa jouissance par l'interdiction de se servir de l'enseigne sur laquelle il était en droit de compter d'après le bail, a droit non à des dommages-intérêts, mais à une réduction de loyers. (Article 1726 du Code civil.)

Ainsi jugé par la 2e Chambre de la Cour de Paris, le 29 juillet 1879, affaire Ducarre. Bal Valentino.

7° Le locataire d'un appartement est, à moins de conventions contraires, censé locataire de la partie extérieure de la façade qui correspond à l'appartement loué, depuis le niveau du plancher jusqu'à la hauteur du plafond. Ainsi le commerçant dont l'enseigne, dépassant la hauteur de son magasin, s'élève jusqu'à l'accoudoir des fenêtres de l'étage supérieur, n'est pas fondé à se plaindre que le locataire de ce dernier, également commerçant, en suspendant à cet accoudoir les objets de son commerce, couvre en partie les lettres de l'enseigne. (Pau, 5 février 1858, 1858. 2. 135. 136.)

8° Il appartient au propriétaire de régler, entre les locataires de sa maison, l'exercice du droit à l'*Enseigne;* — par suite, dans le cas où un locataire exerçant la profession de commerçant a fait apposer, outre les enseignes qui lui sont nécessaires, diverses autres enseignes couvrant une partie de la façade de la maison, sans en avoir obtenu l'autorisation expresse ou tacite du propriétaire, celui-ci est fondé à en demander la suppression, alors même que cet état de choses existerait depuis plusieurs années et qu'aucun locataire présent n'aurait élevé de réclamation. (Tr. de la Seine, 26 janvier 1853, 1854. 3. 8.

9° A la date du 25 juin 1881, la 5e Chambre du Tribunal civil de la Seine a rendu le jugement fort intéressant dont la teneur suit :

« LE TRIBUNAL,

« Sur la demande principale :

« Attendu que les demandeurs occupent, dans la maison sise rue Christine, 7, un appartement au deuxième étage, indépendamment d'autres locaux sis au troisième étage, et qui en sont une dépendance ;

» Attendu qu'il est reconnu que Pierné, professeur de chant, a établi dans cet appartement, avec l'assentiment de la veuve Bourdier, bailleresse, un cours de solfège fréquenté par des garçons et des jeunes filles qui s'y rendent le plus habituellement sous la conduite de leurs mères ; qu'il est également constant que lors de la location d'abord consentie par la veuve Bourdier le 29 janvier 1877 et du bail du 20 octobre 1879, en vertu duquel les demandeurs occupent aujourd'hui les lieux, l'entresol de la maison, comme les magasins du rez-de-chaussée, précédemment occupés par un libraire-éditeur, étaient libres ;

« Que par acte sous seing privé en date du 31 janvier 1880, enregistré, la veuve Bourdier a loué, à partir du 15 février suivant, cet entresol au docteur Tripier, lequel, tout en conservant son domicile personnel rue de Hanovre, 4, y exerce sa profession dans les conditions que précisent les procès-verbaux de constat dressés à la requête des demandeurs, les 4 et 5 avril 1881, par Guillaux et Ninaud, huissiers à Paris ;

« Attendu qu'il résulte de ces procès-verbaux que dans l'escalier principal de la maison desservant l'appartement occupé par les époux Pierné, prend naissance un petit escalier conduisant au dispensaire établi par le docteur Tripier dans l'entresol à lui loué ; que sur la porte fermant ce petit escalier sont apposées, de façon à attirer, lorsqu'elle est ouverte, le regard de toutes les personnes circulant dans l'escalier principal, deux affiches imprimées l'une sur papier vert et l'autre sur papier jaune ;

« Attendu que la première de ces affiches est ainsi rédigée : Dispensaire électrothérapique du docteur A. Tripier. Maladies des femmes et maladies nerveuses. Consultations gratuites au dispensaire de la rue Christine, 7, les mardis, jeudis et samedis, à midi. Conférences cliniques et cours d'électrologie médicale les samedis, à une heure.

« Que la seconde est ainsi conçue : M. le docteur A. Tripier commencera le samedi 13 mars, à une heure, à son dispensaire de la rue Christine, 7, des leçons sur ses procédés de traitement des affections de l'utérus et sur la médecine obstétricale, etc. Consultations gratuites et conférences cliniques les mardis, jeudis et samedis, à midi.

« Attendu qu'il résulte des mêmes procès-verbaux que lorsque la porte du petit escalier est fermée, on voit sur cette porte une enseigne en tôle noire, sur laquelle on lit en gros caractères dorés : Maladies de femmes, maladies nerveuses, clinique éclectrothérapique.

« Attendu que la demande, dont les époux Pierné ont saisi le Tribunal, tend : 1° à ce que la veuve Bourdier soit tenue de faire enlever les plaques et affiches indiquant la nature de la clinique du docteur Tripier ; 2° à ce qu'il lui soit fait défense de laisser continuer ou réinstaller dans la maison la clinique dont s'agit, sous toute autre forme ou dénomination ; 3° qu'elle tend enfin au paiement, pour réparation du préjudice causé, d'une somme de 500 fr. par mois, à compter du jour de la demande ;

« Attendu que les faits allégués à l'appui de cette demande ne sont pas déniés par la veuve Bourdier ; que celle-ci, pour les repousser, se borne à soutenir qu'elle ne les a point autorisés et ne saurait dans tous les cas en être responsable ;

« Mais attendu que les faits relevés par les demandeurs, comme constituant un trouble apporté à la jouissance des lieux à eux loués, ne peuvent être considérés comme des voies de fait ; qu'il n'existe aucun lien de droit entre les époux Pierné et Tripier ; qu'il y a donc lieu d'apprécier les conséquences légales des faits dont s'agit au regard de la veuve Bourdier, bailleresse ;

« Sur le premier point :

« Attendu qu'en matière de louage le bailleur est tenu, par la nature même du contrat, d'entretenir la chose louée en état de servir à l'usage auquel elle est destinée et d'en faire jouir paisiblement le preneur ; que la jouissance de celui-ci s'étend non seulement à ce qui fait l'objet direct du bail, mais aussi à ce qui en est une dépendance nécessaire ; que, dans l'espèce, la location consentie aux époux Pierné comprend les diverses parties de la maison qui sont affectées à l'usage commun des locataires ; qu'il suit de là que, parmi les obligations dont la veuve Bourdier est tenue envers eux, figure celle de faire cesser le trouble apporté à la jouissance de l'escalier desservant leur appartement par l'abus qui a pu être commis par d'autres locataires dans l'usage dudit escalier ;

« Attendu que si, en l'absence de toute stipulation contraire, on ne peut contester à un locataire exerçant un commerce ou toute autre profession créant des rapports directs avec le public, le droit de signaler à celui-ci par des indications placées dans les patries de la maison dont l'usage est commun, le lieu où s'exerce cette profession, ces indications ne peuvent en aucun cas emprunter une forme pouvant choquer la vue ou méconnaître les bienséances et éveiller ainsi les susceptibilités des autres locataires ;

« Qu'en raison de leurs termes, l'enseigne et les affiches apposées par le docteur Tripier sur la porte conduisant à son dispensaire sont de nature à froisser les susceptibilités, soit des membres de la famille des demandeurs, soit des personnes fréquentant les cours de musique installés dans l'appartement à eux loué ;

« Que l'apposition de ces affiches et enseignes emprunte même une gravité particulière à l'âge, au sexe, en même temps qu'à la situation et aux habitudes de celles-ci ;

« Que les demandeurs sont d'autant plus fondés à se plaindre de ces faits qu'il est, dès à présent, établi qu'ils sont de nature à éloigner les élèves qui fréquentent ces cours ;

« Sur le second point :

« Attendu qu'il n'est pas justifié que les conditions dans lesquelles le docteur Tripier use de la chose louée, en dehors des faits ci-dessus appréciés, soient de nature à troubler les demandeurs dans leur propre jouissance ; que les inconvénients dont ceux-ci se plaignent sont inhérents à l'exercice de la profession que le docteur Tripier a été autorisé à exercer dans les lieux loués ; qu'en l'absence de toute clause prohibitive du bail en vertu duquel ils sont eux-mêmes locataires, les époux Pierné ne peuvent en faire un grief ;

« Sur le troisième point :

« Attendu qu'il n'apparaît pas qu'aucune plainte ait été élevée antérieurement au mois de février de la présente année en raison des faits servant de base à la demande, ni qu'en dehors de ladite demande aucune mise en demeure ait été adressée par les époux Pierné à la veuve Bourdier ; que dans tous les cas il n'est pas suffisamment justifié d'un préjudice pouvant motiver l'allocation des dommages-intérêts réclamés ;

« Sur la demande en garantie :

« Attendu qu'il résulte de ce qui précède que l'apposition des affiches et enseigne dont l'enlèvement va être ordonné est le fait personnel de Tripier et constitue de sa part un abus de jouissance ; que celui-ci n'établit pas que les stipulations du bail à lui consenti par la veuve Bourdier l'aient autorisé, même implicitement, à signaler au public le local où il se livre à l'exercice ou à l'enseignement de la médecine en dehors des formes que les règles ci-dessus rappelées peuvent elles-mêmes autoriser ; qu'il doit donc garantir la veuve Bourdier des condamnations qui vont être prononcées contre elle ;

« Par ces motifs,

« Ordonne que dans la quinzaine du présent jugement, la veuve Bourdier sera tenue de faire enlever de l'escalier ou des autres parties de la maison, affectées à l'usage commun des locataires, les plaques et affiches indiquant la nature de la clinique du docteur Tripier, à peine de 25 fr. de dommages-intérêts par chaque jour de retard, et ce pendant un mois, après lequel délai il sera fait droit ;

« Déclare les époux Pierné mal fondés dans le surplus de leur demande, les en déboute;

« Condamne la veuve Bourdier aux dépens ;

« Condamne Tripier à garantir et indemniser la veuve Bourdier des condamnations qui viennent d'être prononcées contre elle, et le condamne, en outre, aux dépens faits sur la demande en garantie. »

10° Bien que dans des actes nombreux et remontant à une époque déjà reculée un immeuble ait été désigné sous le nom de maison dite hôtel..., ces énonciations ne suffisent pas pour attribuer au propriétaire de l'immeuble la propriété de cette dénomination ; cette dénomination ayant eu pour cause non pas la nature de l'immeuble, mais son affectation à un fonds de commerce destiné à loger les voyageurs.

Ainsi jugé par la 3e Chambre du Tribunal civil de la Seine le 18 mars 1884 dans les circonstances de fait ci-après :

Les consorts Legrip sont propriétaires d'un immeuble rue du Bouloi, 5, à Paris, où depuis de longues années est installé un hôtel meublé à l'enseigne d'*Hôtel du Bouloi ;* au mois d'octobre 1878, les époux Boyer, qui exploitaient ce fonds de commerce, l'ont vendu aux époux Trotret, et à la même époque les consorts Legrip accordaient à ces derniers une prorogation de bail de quinze ans.

Les époux Trotret, qui étaient déjà propriétaires d'un fonds d'hôtel meublé connu sous le nom d'*Hôtel du Rhin*, prirent pour enseigne de leur fonds de commerce : *Hôtel du Rhin et du Boulois réunis.*

Les consorts Legrip émirent alors la prétention que les époux Trotret ne pouvaient modifier l'enseigne, et qu'en tous cas, s'ils venaient à quitter les lieux, les époux Trotret ne pourraient se servir que de l'enseigne *Hôtel du Rhin.*

C'est dans ces conditions que les consorts Legrip ont saisi le Tribunal d'une demande qui avait pour but de faire consacrer leur droit à la propriété de l'enseigne : *Hôtel du Bouloi.* Pour justifier leur prétention, ils prétendaient qu'en 1842 M. Legrip père, qui tenait l'hôtel meublé, s'était rendu adjudicataire de l'immeuble, aux criées du Tribunal de la Seine, sous cette désignation, maison dite : *Hôtel du Bouloi ;* que la même désignation se trouvait déjà dans des contrats du

29 fructidor an IX et du 17 février 1816. Pour maintenir son droit en 1855, il n'avait pas vendu de fonds à la dame Deleuze, qui était seulement locataire pour tenir un hôtel meublé, et on ne saurait leur opposer que le syndic de la faillite Deleuze a vendu le fonds de commerce et le droit au bail, car le propriétaire est resté étranger à cette vente. Enfin, dans la prolongation de bail de 1878, les consorts Legrip louaient aux époux Trotret une partie de la maison désignée sous le non d'*Hôtel du Bouloi ;* donc la famille Legrip était seule propriétaire de l'enseigne.

Les époux Trotret soutenaient que la propriété de l'enseigne était indépendante de la propriété de l'immeuble, que les ventes successives du fonds de commerce avec son enseigne en étaient la preuve, et que la prolongation de bail consentie en 1878 par les consorts Legrip était la preuve que ceux-ci n'avaient aucun droit sur l'enseigne, puisqu'il y était énoncé que les époux Boyer avaient vendu aux époux Trotret l'hôtel garni et le pas de porte.

Les époux Boyer, assignés en garantie sans prendre les faits et cause de leurs acquéreurs, soutenaient le même système.

Le Tribunal, après avoir entendu Me Ernest Chaudé, avocat des consorts Legrip ; Me Laviolette, avocat des époux Trotret ; Me Guerrier, avocat des époux Boyer, et M. l'avocat de la République Commoy, a rendu le jugement qui suit :

« Le Tribunal,

« Attendu que par acte sous seing privé à la date du 9 octobre 1878, enregistré, les époux Trotret ont acquis des époux Boyer un fonds de commerce d'hôtel meublé, sis rue du Bouloi, avec tout ce qui le compose ou en dépend, sans en rien excepter ni réserver, et notamment : 1° le pas de porte avec le titre et la dénomination sous lesquels ledit hôtel se trouve connu : *Hôtel du Bouloi ;* 2° sa clientèle et l'achalandage qui s'y trouvent attachés ;

« Attendu que par un autre acte en date du même jour, Legrip, propriétaire de l'immeuble, s'est engagé à consentir aux époux Trotret, acquéreurs dudit fonds, un bail de quinze années, moyennant une augmentation de 1,000 fr. par an sur le bail existant au profit des époux Boyer ; il est dit dans cet acte, auquel Legrip a été partie, que l'hôtel garni, avec le pas de porte, est vendu aux époux Trotret et que Legrip consent à louer aux époux Trotret la partie de la maison concernant l'*Hôtel du Bouloi ;*

« Attendu que cette promesse de bail a été réalisée quelques jours plus tard par acte notarié ;

« Attendu qu'en vertu de ces conventions les époux Trotret s'étant mis en possession du fonds dont s'agit, ont pris pour enseigne la dénomination de *Grand Hôtel du Bouloi et du Rhin réunis*.

« Attendu qu'à la date du 9 avril 1879, la dame veuve Legrip et Eugène Legrip, voyant dans ce changement de titre un empiètement sur leurs droits de propriété, qu'ils prétendent n'avoir jamais aliénés, ont fait signifier aux époux Trotret que c'était par pure tolérance qu'ils supportaient l'addition faite à la dénomination de l'hôtel et qu'ils entendaient expressément se réserver celle de « *Grand Hôtel du Bouloi* », qui n'a cessé d'être leur propriété exclusive ;

« Attendu que les époux Trotret ont répondu que cette dénomination leur appartenait, puisqu'ils l'avaient acquise des époux Boyer, et qu'ils ont en conséquence assigné les consorts Legrip pour voir dire qu'ils seront maintenus dans la propriété et possession du titre à eux vendu ;

« Attendu que les époux Boyer appelés en garantie par les époux Trottet, sans prendre le fait et cause de ces derniers, soutiennent comme eux que la prétention des consorts Legrip n'est nullement fondée ;

« Attendu que pour démontrer le bien fondé de leur prétention, les consorts Legrip produisent des actes nombreux remontant à une époque déjà reculée où l'immeuble dont ils sont propriétaires est constamment désigné sous le nom de maison dite *Hôtel du Bouloi*, ou bien immeuble dit *Hôtel du Bouloi*, d'où ils concluent que la dénomination *Hôtel du Bouloi* leur appartient ;

« Mais attendu que l'énonciation contenue dans ces actes ne suffit pas pour leur attribuer la propriété de cette dénomination en tant qu'elle serait attachée à la propriété de l'immeuble rue du Bouloi ;

« Attendu qu'il est constant en fait et reconnu par toutes les parties que depuis un temps immémorial, un fonds de commerce d'hôtel garni a été exploité, sinon dans la totalité, du moins dans une partie de l'immeuble , soit à l'origine par les propriétaires eux-mêmes de l'immeuble, soit plus tard par des locataires auxquels a été cédée l'exploitation de ce fonds ;

« Qu'ainsi la dénomination d'*Hôtel* ou *Grand Hôtel du Bouloi*, donnée dans les actes produits à l'immeuble, a eu pour cause non la nature de l'immeuble lui-même, ainsi qu'on peut le dire d'une demeure somptueuse ou d'origine aristocratique, mais bien l'exploitation d'un hôtel destiné à loger les voyageurs ;

« Que cette dénomination a appartenuu primitivement au propriétaire de l'immeuble, non point en cette qualité, mais en qualité de maître et propriétaire de l'hôtel garni ; d'où il suit que le jour où l'hôtel garni a été exploité par un autre que par le propriétaire de l'immeuble, la dénomination d'*Hôtel du Bouloi* a dû en quelque sorte se détacher de l'immeuble et suivre le sort du fonds d'hôtel garni, c'est-à-dire, devenir avec ce fonds la propriété de celui qui succédait au propriétaire dans son exploitation, avec faculté d'en disposer et de le transmettre à son gré;

« Attendu que la prétention contraire aurait les conséquences les plus iniques; qu'en effet, si dans les circonstances de la cause la propriété de la dénomination *Hôtel du Bouloi* devait faire à jamais partie de la propriété de la maison sise rue du Bouloi, 5, il s'ensuivrait que le propriétaire du fonds d'hôtel meublé ne pourrait recueillir le fruit de son intelligence et de son labeur et qu'il devrait renoncer à l'achalandage de son fonds de commerce le jour où, arrivé au terme de son bail, il ne pourrait en obtenir la prolongation;

« Que, dans l'espèce, les époux Trotret ont acheté des époux Boyer la dénomination d'*Hôtel du Bouloi;* que les consorts Legrip ne peuvent prétexter cause d'ignorance; qu'ils sont intervenus au contrat pour consentir un bail nouveau aux nouveaux acquéreurs;

« Qu'ils n'ont élevé aucune objection ni protestation contre la vente de la dénomination dont s'agit; que, pour s'attribuer le droit exorbitant qu'ils réclament, ils auraient dû en faire l'objet d'une stipulation expresse, ce qui n'a pas eu lieu;

« Qu'il suit de tout ce qui précède que la dénomination : *Hôtel* ou *Grand-Hôtel du Bouloi*, appartient aux époux Trotret et non aux consorts Legrip, et qu'ils ont le droit d'en disposer selon leur convenance;

« Sur les dommages-intérêts :

« Attendu que les époux Trotret ne justifient d'aucun préjudice;

« Par ces motifs,

« Le Tribunal dit que les époux Trotret sont maintenus dans la propriété et jouissance de la dénomination d'*Hôtel* ou *Grand-Hôtel du Bouloi;*

« Fait inhibition et défense aux consorts Legrip de les troubler dans cette possession;

« Dit qu'il n'y a lieu à des dommages-intérêts au profit des époux Trotret,

« Dit qu'il n'y a lieu de statuer sur l'action en garantie des époux Trotret contre les époux Boyer;

« Condamne les consorts Legrip aux dépens. »

La décision que nous venons de rapporter tend à déterminer la nature d'une enseigne. La doctrine et la

Jurisprudence décident qu'une enseigne est une chose essentiellement mobilière qui est le signe d'une industrie et ne s'incorpore pas par droit d'accession à l'immeuble sur lequel on l'a placée.

Orléans, 18 août 1836, infirmant un jugement du Tribunal de Chinon du 13 avril 1836 (Dalloz, v° *Industriel et Commerce*, n° 362), Chambre des requêtes, rejet du 6 décembre 1837 (Dalloz, *eodem loco*).

Rouen, 25 nov. 1851, confirmant un jugement du Tribunal du Havre du 21 mai 1851, mais cassé par arrêt de la Chambre civile du 21 décembre 1853 (Dalloz, 1854, 1, 9) et sur renvoi, Paris, 15 juillet 1854 (Dalloz, 1855, 2. 50).

Caen. 13 décembre 1853 (Dalloz, 1854, 5, 613).

Tribunal civil de Lyon, 13 décembre 1869 (Dalloz, 1872, 2. 133).

Angers, 8 novembre 1871, confirmant un jugement du Tribunal de cette ville du 9 mai 1871 (Dalloz, 1872, 2. 133).

Etienne Blanc, *De la Contrefaçon*, 4e édition, page 704.

Calmels, *Noms et Marques de Fabrique*, nos 206 et 207.

Dans le cas où le propriétaire de l'immeuble est en même temps propriétaire du fonds de commerce, s'il veut se réserver la propriété de l'enseigne il doit alors louer aussi bien le droit de se servir de cette enseigne que celui de jouir de l'immeuble ; mais s'il loue son immeuble et vend son fonds de commerce, à la fin du bail l'acquéreur a le droit de transporter son enseigne dans un autre immeuble où il continue son industrie.

11° Il appartient au propriétaire de régler, entre les locataires de sa maison, l'exercice du droit à l'*enseigne*.

12° Par suite, dans le cas où un locataire exerçant la profession de commerçant a fait apposer, outre les enseignes qui lui sont nécessaires, diverses autres enseignes couvrant une partie de la façade de la maison, sans en avoir obtenu l'autorisation expresse ou tacite du propriétaire, celui-ci est fondé à en demander la suppression, alors même que cet état de choses existerait depuis plusieurs années et qu'aucun locataire présent n'aurait élevé de réclamation. (Seine, 20 janvier, Dalloz 1854, page 8, 3e partie.)

Voyez : *Apposition d'écriteau.*

Entrée en jouissance du locataire. — A Paris, les emménagements ont lieu aux mois de janvier, avril, juillet et octobre.

Dans les petites locations, c'est-à-dire dans les logements dont le prix annuel est de 400 francs, et au-dessous, les emménagements se font ordinairement le 8 des mois sus-indiqués, *à midi.*

Dans les appartements, ou autres lieux, dont le loyer annuel s'élève au-dessus de 400 francs, et dans les boutiques, on emménage le 15 des mêmes mois, à midi. Bien que le locataire ne fasse, en général, son emménagement que le 8 ou le 15, la location court cependant à partir du 1er jour du mois, qui est l'époque du commencement des termes. Cette circonstance ne fait éprouver aucun préjudice au locataire, car s'il perd huit ou quinze jours lors de son entrée en jouissance, il les retrouve à la fin de sa location, puisque d'après l'usage, il ne quitte les lieux loués qu'au 8 ou au 15 (V. ch. VIII, *du Congé*). Mais si les lieux que doit occuper le locataire sont vacants au premier du mois, il a le droit d'y entrer, et le propriétaire ne peut s'opposer à cette juste prétention. (A.)

Il est inutile de dire que si les parties avaient fixé, pour l'entrée en jouissance, une autre époque que celle déterminée par l'usage, elles seraient tenues de se conformer à la convention.

Il est une précaution que doit prendre le locataire, c'est avant d'entrer dans les lieux qu'il a loués, de ne traiter avec le locataire à qui il succède du prix d'aucun objet mobilier, tenant ou inhérent à l'immeuble et que ce dernier dirait lui appartenir, sans avoir l'avis et le consentement du propriétaire de la maison ; ou du moins, en supposant qu'il ait acheté sans le consulter préalablement, il ne doit pas payer avant de s'assurer si ce propriétaire n'a pas de réclamations à faire tant pour le loyer que pour les réparations locatives et les contributions ; car, s'il en était ainsi, le privilège du propriétaire continuerait d'exister sur ces objets, lors même que le locataire entrant en aurait payé le prix. (A.)

Il arrive souvent que le locataire entrant reçoit les clés des lieux loués des mains mêmes du locataire sortant, sans l'intervention du propriétaire. Ceci pourtant n'est pas sans inconvénients. En effet, si le locataire sortant a fait des dégradations, des suppressions et des démolitions que le propriétaire n'ait point reconnues, le locataire entrant en demeure responsable à la fin de sa jouissance et doit rétablir les choses détruites ou dégradées. (A.)

Dans ce cas, le locataire entrant doit s'adresser au propriétaire, ou sinon se faire représenter l'état des lieux, s'il y en a un, et le vérifier avec le locataire sortant afin de constater, outre les réparations locatives à la charge de ce dernier, toutes les autres réparations qui proviendraient du fait de ce locataire d'après ledit état. (A.)

Les contestations, qui peuvent s'élever entre le bailleur et le preneur, relativement à l'entrée en jouissance, sont celles-ci :

1° Lorsque le bailleur ne délivre pas les lieux loués à l'époque convenue par le bail, ou, à défaut de convention, au terme déterminé par l'usage ;

2° Lorsque le locataire refuse d'entrer dans les lieux loués, ou ne les garnit pas de meubles suffisants pour répondre du prix de la location, ou bien encore, lorsqu'il a été convenu dans le bail qu'il paierait un ou deux termes d'avance, et qu'il se refuse à les payer.

Si c'est le bailleur qui refuse de délivrer les lieux loués, le preneur a le choix, ou de faire sommer le bailleur de les délivrer, ou de demander la résiliation du bail avec dommages et intérêts.

Quant à la quotité des dommages et intérêts, voyez n° 160.

Si c'est le locataire qui refuse d'entrer dans les lieux loués, ou qui ne les garnit pas, ou qui ne paie pas les termes convenus d'avance, le propriétaire a aussi le choix, ou de le forcer à remplir ses obligations, ou de demander la résiliation du bail avec dommages et intérêts (Arg. de l'art. 1184 du C. civil).

Mais, pour que le bailleur et le preneur puissent, dans les cas dont nous parlons, exercer l'un contre l'autre des poursuites qui ne soient pas infructueuses, il faut supposer qu'il existe un bail, ou un engagement écrit, ou que, si le bail est verbal, il ne soit pas dénié : car, suivant l'article 1715 du Code civil, lorsque le bail fait sans écrit n'a reçu aucune exécution, et que l'une des parties le nie, la preuve ne peut être reçue par témoins, quelque modique qu'en soit le prix, et quoi qu'on allègue qu'il y ait eu des arrhes données. Le serment peut seulement être déféré à celui qui nie le bail. (A.)

Entrée du locataire dans des lieux loués en mauvais état. — Voyez : *Mauvais état des lieux loués.*

Entrée des voitures dans les cours et passages. — Le propriétaire a, bien entendu, le droit d'interdire, dans le bail, l'accès des voitures de maître et autres dans les cours et passages.

Le propriétaire ne peut, lorsqu'il n'existe aucune interdiction expresse dans le bail, s'opposer à ce que les voitures conduisant soit le locataire, soit les personnes qui viennent chez celui-ci (par exemple, pour assister a des soirées), entrent, même après minuit, dans la cour de la maison louée (C. Nap., 1720). Alors surtout qu'une semblable prétention est contraire, soit à l'exécution donnée au bail par les parties, soit à l'usage (Paris, 8 janvier 1856).

On objecterait aussi en vain que l'introduction des voitures dans la cour peut occasionner des accidents quand l'éclairage du vestibule a cessé, cet éclairage devant se faire aux frais du locataire, à partir du moment où le propriétaire n'y est plus tenu. (Même arrêt.)

On opposerait vainement une clause de bail portant que la

cour et l'escalier de la maison seront éclairés aux frais du propriétaire seulement jusqu'à minuit, et que le locataire ne pourra troubler la tranquillité des autres habitants de la maison. (Même arrêt.)

Entretien de la chose louée. — Reportez-vous aux alinéas 86 et suivants du tome premier. De plus, voyez dans le présent volume les mots suivants : « *Entretien imposé au locataire. — Réparations locatives. — Améliorations faites par le locataire.* »

Entretien (menu et gros) mis à la charge du locataire. — La clause d'un bail, portant que le preneur sera chargé de *toutes les réparations d'entretien*, ne doit pas s'entendre seulement des réparations locatives, mais bien de toutes les réparations réputées d'entretien par l'article 606 C. civ. ; ainsi, le preneur est tenu du recrépiment des murs, même lézardés. — Bordeaux, 6 janv. 1843, J. G. *Louage*, 617-1°.

C'est là une question d'interprétation soumise à l'appréciation souveraine des tribunaux.

Lorsqu'il est dit dans un bail que le preneur devra *entretenir* tous les bâtiments, en y faisant toutes les réparations nécessaires, tant grosses que menues, on ne peut attribuer à cette expression, *grosses réparations*, le sens qu'elle a dans l'article 606 C. civ. ; le sens de ces mots doit se déterminer par celui de la clause prise dans son entier ; en rapprochant ces expressions, *réparations tant grosses que menues*, du mot *entretenir*, on voit que les parties n'ont eu en vue que les réparations de gros et de menu entretien. — Bruxelles, 7 mai 1834, J. G. *Louage*, 617-2°.

Voyez : *Réparations locatives.*

Epoques fixées pour l'entrée et la sortie des lieux. — Les époques fixées, d'après l'usage de Paris, pour l'entrée et la sortie des lieux loués, ne sauraient être considérées comme des limites indiquées à la durée des baux.

Ce ne sont, selon nous, que des termes assignés pour le paiement des loyers, et le point de départ des délais qui doivent s'écouler entre le congé et la sortie des lieux.

En effet, on ne pourrait raisonnablement admettre qu'un propriétaire et un locataire, lorsqu'ils louent sans fixer la durée de la location, seront présumés avoir entendu louer pour un terme, par exemple, de trois mois, de manière qu'on dût voir s'opérer un nouveau bail à chaque nouveau terme. Il ne serait pas plus exact de prétendre qu'une maison ou un appartement loués à tant par an sont loués pour une année.

Ainsi, dans les locations verbales qui se font à Paris, sans détermination de durée, ce n'est point un nouveau bail qui se forme à chaque nouveau terme, mais le même bail qui continue et que les parties peuvent faire cesser en se donnant congé dans les délais d'usage.

Epoque du paiement du loyer. — Le paiement doit être fait aux époques déterminées par le bail, et, à défaut de stipulation, aux époques déterminées par la nature de la chose louée, ou par l'usage des lieux.

A Paris, il est d'usage de payer le loyer au concierge sur quittance du propriétaire ou de son gérant.

Pour le paiement des loyers, il y a un *délai de grâce* après l'expiration du terme : ce délai est, à Paris, de quinze jours pour les loyers excédant 300 francs et de huit jours pour les loyers de 300 francs et au-dessous ; mais il convient de faire remarquer que l'entrée en jouissance part, à défaut de convention contraire, du 1er du mois de chaque terme, et que le loyer est payable le 8 ou le 15 ; ces huit ou quinze jours forment le délai de grâce accordé pour le paiement.

Si une ferme était louée moyennant une certaine somme pour chaque année, sans fixation de l'époque de payement, le fermage étant le prix de la récolte, il serait dû après la récolte seulement, et il ne pourrait même être exigé qu'au terme où il serait d'usage, dans le pays, de payer les fermages.

Lorsqu'on est convenu d'une seule somme pour tout le temps du louage, elle doit être payée à l'expiration de ce temps.

Le tribunal saisi d'une demande en payement de loyer a le

droit, s'il reconnaît que le retard du locataire lui est imputable et qu'il n'y a pas lieu de lui accorder un délai, de prononcer la résiliation du bail, quoiqu'elle n'ait pas été formellement demandée. — Montpellier, 24 août 1870, D. P. 73. 1. 14.

Voyez d'ailleurs les mots : « *Loyer. — Action en paiement de loyers.* »

Epoque du congé. — Le congé ne peut jamais être donné que pour le terme d'usage ; en conséquence, le délai ne court que du jour qui précède ce terme de six semaines, de trois mois ou de six mois.

Ainsi, dans les pays où l'usage particulier est de prévenir trois mois à l'avance, ce délai ne court pas du jour où le congé a été donné, mais seulement du jour de l'expiration du trimestre commencé, lorsque le congé n'a pas été signifié au commencement de ce trimestre. — Bordeaux, 16 juin 1829, J. G. *Louage*, 687-1° et 677.

Mais la convention portant qu'un bail pourra être résilié dans une hypothèse déterminée, en prévenant six mois à l'avance, doit être entendue en ce sens que les six mois courent à partir de la signification du congé, et non à partir du prochain terme, quoique l'usage des lieux soit que les congés ordinaires ne peuvent avoir effet qu'à partir de l'époque de ce terme (C. civ. 1159, 1162, 1759, 1762). — Aix, 20 août 1870, D. P. 72. 2. 56.

Il faut que le délai du congé soit complet ; par suite, ne manquât-il qu'un jour, il ne pourrait pas produire son effet. Nancy, 12 juill. 1833, J. G. *Louage*, 687-2°.

Le congé, donné pour une époque plus rapprochée que celle fixée par l'usage, n'a effet que pour ce qui est réglé par l'usage. — Paris, 5 avr. 1850, D. P. 50. 2. 157.

Pour tout ce qui a trait aux délais du congé à Paris et dans le département de la Seine ainsi que dans d'autres villes importantes de la France, reportez-vous aux mots : *Délais du congé*, etc., etc. (deux mots).

Etat des lieux. — Reconnaissance contradictoire, avant ou après l'entrée du locataire dans les lieux loués, constatant la situation des locaux loués, l'état détaillé des divers objets ou ustensiles nécessitant un menu entretien, et devant servir en fin de bail ou lors de sa résiliation prématurée, à déterminer le nombre, l'importance et la valeur des réparations locatives.

On fait deux sortes d'état de lieux :

1° L'état descriptif très détaillé qui, tout en constatant ce qui est dégradé, décrit et explique tout ce qui compose la location ; ces sortes d'états sont indispensables pour les établissements industriels et pour les baux à très longue durée, ou lorsqu'on est fondé à croire que le preneur changera la disposition des localités, enfin lorsque toute surveillance de la part du bailleur est impossible. Le prix de ce travail est ordinairement supporté moitié par le bailleur, moitié par le preneur, parce qu'il est fait dans l'intérêt de l'un et de l'autre ; il est quelquefois utile d'y joindre des plans.

Les clauses de bail qui contiennent des conditions particulières se rapportant à l'entretien ou à la remise des lieux, ont besoin d'être connues des personnes qui, plus tard, seront chargées de les rendre ou de les recevoir ; elles doivent donc être reportées en tête de l'état de lieux.

2° L'état de lieux des locations ordinaires, lequel contient la description très sommaire des localités ; puis, d'une part, les dégradations existantes, et, d'autre part, la désignation des objets et choses sur la propriété desquelles il pourrait y avoir plus tard des doutes : glaces, tablettes, porte-manteaux, etc., etc. Ces états, beaucoup moins dispendieux que les autres, sont le plus souvent a la charge du locataire, parce qu'ils ne profitent qu'à lui seul.

Tout état de lieux doit être fait en double et signé des parties ; celle qui est empêchée doit le faire signer par un tiers agissant en vertu d'une procuration régulière ou faire de l'état de lieux l'objet d'un acte notarié.

Cette reconnaissance donne lieu au dressé sur papier

libre, en double expédition, d'un état reconnu exact par les parties contractantes.

Ainsi qu'il a été expliqué au mot « *Réparations locatives* », s'il a été fait un état des lieux entre le bailleur et le preneur, celui-ci doit rendre la chose telle qu'il l'a reçue, suivant cet état, excepté ce qui a péri ou a été dégradé par vétusté ou force majeure (C. c., 1730); mais, s'il n'a pas été fait d'état des lieux, le preneur est présumé les avoir reçus en bon état de réparations locatives, et doit les rendre tels, sauf la preuve contraire (C. N., 1731).

Il résulte de ce dernier article, qu'il est de l'intérêt du locataire de faire, avant son entrée en jouissance, un état des lieux ; car s'il n'y en a pas, *il est présumé les avoir reçus en bon état*, et il aura alors à s'imputer la faute d'être entré dans des lieux dans lesquels il se trouvait des dégradations plus ou moins grandes. Mais il est des circonstances où le locataire peut sentir encore davantage la nécessité d'un état des lieux, c'est lorsqu'il a l'intention de faire dans l'intérieur des lieux loués quelques changements, soit en embellissement, soit en augmentation : car, dans ce cas, on pourra facilement, au moyen de l'état, distinguer ce qui appartient au locataire, comme l'ayant fait à ses frais, d'avec les objets qui appartiennent au propriétaire ; et si, au contraire, il n'y a pas d'état, tous les objets scellés en plâtre, et qui ne pourraient être détachés sans être fracturés et détériorés, sont présumés être incorporés à l'immeuble, et appartenir au propriétaire. Ce dernier a donc le droit de réclamer ces objets, à moins que le locataire ne prouve qu'ils lui appartiennent (C. c. art., 553). Mais cette preuve n'est pas toujours facile à fournir ; c'est alors que le locataire doit se reprocher de ne pas avoir dressé un état des lieux. Nous citerons l'exemple d'un locataire qui, faute d'un état de lieux, fut obligé de laisser dans la maison qu'il quittait un *calorifère* d'une valeur de 1500 trancs, qu'il avait fait établir à ses frais pendant la durée de son bail et qui chauffait le rez-de-chaussée et le premier étage de la maison.

Quant au propriétaire, l'état des lieux peut seul protéger ses droits contre la mauvaise foi du locataire, par exemple, dans le cas où ce dernier substituerait à des objets de valeur, tels que des chambranles de marbre, des serrures de sûreté, des chambranles de pierre ou des serrures en mauvais état.

Lors même que le locataire est de bonne foi, le propriétaire est encore intéressé à faire un état des lieux. Par exemple, en cas d'incendie occasionné par la faute et la négligence du locataire, ou de son sous-locataire, ou de leurs gens, comment, sans un état des lieux, pourrait-on rétablir ce qui est détruit et consumé, et apprécier les objets pour la perte desquels le locataire doit indemniser le propriétaire ?

Il est prudent de dresser l'état des lieux sur papier timbré, parce que, s'il fallait ensuite le produire en justice, les parties seraient passibles d'une amende de 5 fr., plus le double décime (indépendamment du droit de timbre de dimension). L'avance du tout doit être faite par celui qui fait timbrer, sauf son recours contre l'autre partie, qui doit lui payer la moitié de ladite amende.

Pour procéder méthodiquement, et pour ne rien omettre dans la description des lieux, il est bon de commencer par les caves ; on passe ensuite au rez-de-chaussée ; on y comprend les cours, les remises, les écuries, les hangars et les jardins ; de là on monte au premier étage, puis au second, et ainsi de suite, de manière que l'on termine par les greniers.

A chaque étage, on commence à décrire le palier de l'escalier, puis successivement toutes les pièces, en conservant le plus d'ordre, et donnant les indications les plus positives, afin d'éviter la confusion, et de pouvoir reconnaître les changements opérés pendant la durée du bail. On trouvera, à la fin de ce volume, sous le n° 6, un modèle d'état des lieux.

Lorsque les parties ne dressent pas elles-mêmes l'état des lieux, elles le font faire par un architecte ou autres gens de l'art; elles en supportent les frais par moitié, s'il n'y a convention contraire (1).

Lorsque l'une des parties se refuse à dresser ou à faire dresser un état des lieux, l'autre peut l'y contraindre en justice. Dans ce cas, c'est devant le juge de paix de la situation des lieux loués que la demande doit être portée.

Le locataire qui a déclaré bien connaître les lieux loués, dont un état a été dressé contradictoirement, et les prendre tels qu'ils se poursuivent et comportent, n'est plus recevable, du moins après une longue exécution du bail, à demander au bailleur des travaux d'appropriation dont la nécessité existait au moment du bail. (Cass., 27 janv. 1858; S.-V. 1858. 1. 728; P., 1859, p. 178.)

Une clause usuelle dans presque tous les baux impose au locataire l'obligation de bien tenir les lieux loués et de les rendre conformément à l'état qui *en sera dressé immediatement*, soit aux frais du locataire seul, soit à frais communs. Dans chacun de ces cas le locataire n'imagine pas toujours à quelle somme peuvent se monter ces frais ainsi mis à sa charge; et grand devient son étonnement quand l'architecte lui présente une note qui peut se monter à un chiffre énorme. A cet égard, il est utile de rapporter ici un jugement du Tribunal de la Seine (5e Chambre, du 31 août 1839), qui a cru devoir réprimer l'abus dont sont trop souvent victimes les locataires ainsi engagés imprudemment. Voici dans quelles circonstances: M. Michin, propriétaire d'une maison rue Saint-Antoine, en avait loué diverses parties à M. Delaunay, épicier en gros, moyennant 2,700 fr. Un état des lieux avait été dressé par suite d'une stipulation qui en avait mis les frais à la charge du locataire, et le sieur L..., architecte, avait été

(1) Ruelle, n° 341, prétend que le propriétaire doit seul supporter les frais de cet état, parce qu'ils sont la suite de l'obligation de délivrer, dont tout bailleur est chargé. (C. civ., 1720.) Mais nous ne saurions adopter cette opinion; en effet, l'état des lieux, comme nous venons de le démontrer ci-dessus, nos 141 à 144, est dressé dans l'intérêt réciproque du propriétaire et du locataire. C'est donc avec justice et raison que chacun d'eux doit être tenu de la moitié des frais que cet état occasionne. Tel est aussi l'avis des auteurs. (Frémi-Ligneville, *Traité de la législation des bâtiments*, t. II, n° 841; Sauger, *Du Louage et des Servitudes dans leurs rapports avec les usages locaux*, p. 75.)

chargé de ce travail. Il remit cet état en deux cents rôles et demanda 400 fr. pour ses honoraires, mais le Tribunal déclara valables les offres de 200 fr. faites par le locataire, et condamna le sieur L... aux dépens. (*Droit*, 1er sept. 1839.) (A.)

Eviction partielle pour cause d'expropriation. — L'éviction partielle d'un locataire, par suite d'expropriation pour cause d'utilité publique, ne résout pas de plein droit le bail en totalité, mais elle ouvre au locataire le droit d'opter, selon les circonstances, entre la résolution du bail ou une diminution de loyer.

Ce droit d'option n'est pas éteint par la circonstance que le locataire aurait demandé et obtenu une indemnité pour l'éviction industrielle qu'il disait devoir être la conséquence de l'expropriation.

(Tribunal de la Seine, 7e Chambre, 24 décembre 1879.)

Voyez : *Destruction totale ou partielle.*

Exercice imposé d'une industrie, désignée expressément, dans les lieux loués. — Lorsqu'il est stipulé, dans un bail, que le locataire exercera une industrie limitativement désignée et ne pourra céder qu'à son successeur, il n'y a pas à rechercher si une telle clause a été introduite dans l'intérêt des locataires et non dans l'intérêt du propriétaire.

Par conséquent un locataire ne pourrait prétendre, à raison de ses arrangements avec l'autre locataire, et en excipant de ce que le propriétaire est sans intérêt à s'y opposer, exercer dans le local qu'il occupe, outre l'industrie pour laquelle il a loué, celle qui était réservée à l'autre locataire.

Ainsi jugé par la 2e Chambre de la Cour de Paris, le 3 mars 1881.

Le contraire avait été jugé au profit de MM. Nêne et consorts contre Mme veuve Rapoulet par le Tribunal de la Seine, le 8 février 1879.

« Le Tribunal,

« Attendu qu'il résulte des documents et circonstances de la cau qu'en stipulant dans les baux enregistrés consentis au sieur Amaur débitant de tabac, et au sieur Landrin, marchand de vin-traiteur, q les preneurs ne pourraient exploiter dans les lieux loués, l'un que commerce de débit de tabac, l'autre, que celui de marchand de vin, veuve Rapoulet n'a entendu stipuler que dans l'intérêt de chacun c ses locataires et nullement dans le sien ;

« Attendu que le sieur Amaury ayant été expulsé par la veuve R poulet, le sieur Nêne, occupant les lieux loués d'abord à Landrin, pu cédés à Charton, s'est entendu avec le titulaire du débit de tabac pou devenir son gérant avec l'agrément de l'administration ;

« Attendu que l'installation du débit de tabac n'est nullement con traire aux stipulations du bail puisqu'au moment où elle a eu lieu, ce lui-là seul qui aurait pu s'en plaindre avait quitté la maison et ne pou vait plus souffrir de la concurrence ;

« Que cette concurrence est impossible vis-à-vis de tout autre loca taire, puisqu'aucun débit de tabac ne peut être installé de nouvea dans le local de la boutique occupée autrefois par Amaury ;

« Que par suite la veuve Rapoulet n'a ni intérêt ni droit de s'opposer au libre exercice du débit de tabac exploité par Nêne ;

« Par ces motifs,

« Déclare la veuve Rapoulet mal fondée dans ses demandes, fins et conclusions et la condamne aux dépens. »

Sur l'appel interjeté par Mme veuve Rapoulet, la Cour, après avoir entendu Me Quignard, avocat de l'appelante, et Me Lecnoppier, avocat des intimés, a rendu, sur les conclusions conformes de Me Villetard de Laguérie, substitut de M. le procureur général, un arrêt ainsi conçu :

« La Cour,

« Statuant sur l'appel interjeté par la veuve Rapoulet ;

« En ce qui touche la défense faite au sieur Nêne de continuer dans les lieux loués l'exploitation d'un débit de tabac ;

« Considérant qu'aux termes d'un bail reçu Sebert, notaire à Paris, le 14 février 1874, la veuve Rapoulet a loué aux époux Landrin une boutique dépendant d'un immeuble dont elle est propriétaire, rue du Pont-Louis-Philippe, 11, sous cette double condition expresse et formelle :

« 1° Que lesdits époux Landrin ne pourront exploiter dans les lieux loués aucun autre commerce que celui de marchand de vin-traiteur ;

« 2° Qu'ils ne pourront sous-louer tout ou partie desdits lieux, ni céder leur droit au bail, si ce n'est à leurs successeurs dans ledit commerce et en restant garants de l'exécution des clauses et conditions du bail ;

« Considérant que le sieur Charton, cessionnaire des époux Landrin, a lui-même cédé son fonds et le droit au sieur Nêne ;

« Considérant que celui-ci a installé dans sa boutique concurremment avec son commerce de marchand de vin-traiteur ;

« Que, par suite de cette installation, les conditions du bail ont été doublement violées, en ce que Nêne exerce dans les lieux loués un autre commerce que celui de marchand de vin-traiteur et en ce qu'il n'a pas seulement succédé à son prédécesseur dans le commerce que faisait celui-ci ;

« Considérant qu'il n'y a pas lieu de rechercher dans quel intérêt, du propriétaire ou du locataire, l'affectation des lieux loués à un commerce limitativement désigné a été stipulée ; le propriétaire pouvant disposer de sa chose à son gré, pourvu qu'il ne viole ni les lois ni les règlements ;

« Considérant d'ailleurs que la veuve Rapoulet, propriétaire dans le même immeuble d'une autre boutique qu'elle louait depuis longues années à un débitant de tabac, avait un intérêt évident à ne pas laisser s'établir à proximité un débit semblable qui pouvait l'empêcher de trouver un locataire ;

« En ce qui concerne les dommages-intérêts :

« Considérant que la veuve Rapoulet, par suite de la relocation par elle imposée aux époux Landrin et à leurs successeurs, a éprouvé un préjudice dont il lui est dû réparation, et que la Cour a les éléments suffisants pour le fixer à la somme de 1,000 francs ;

« Met l'appellation et ce dont est appel à néant en ce que le sieur Nêne a été autorisé par les premiers juges à continuer son commerce de tabac ; émendant quant à ce dit que dans la huitaine de la signification du présent arrêt, les époux Landrin et le sieur Charton devront faire cesser et le sieur Nêne devra cesser dans les lieux loués l'exploitation du débit de tabac et la vente de tous les objets qui s'y rattachent ; sinon et faute par eux de ce faire dans ledit délai, condamne dès à présent les époux Landrin, le sieur Charton et le sieur Nêne conjointement et solidairement à payer à la veuve Rapoulet la somme de 25 francs par chaque jour de retard pendant le délai d'un mois, après lequel il sera fait droit ;

« Condamne lesdits intimés, et sous la même solidarité, à payer à la veuve Rapoulet, pour le préjudice éprouvé jusqu'à ce jour, la somme de 1,000 francs à titre de dommages-intérêts ;

« Ordonne la restitution de l'amende ; condamne solidairement les époux Landrin, le sieur Charton et le sieur Nène en tous les dépens de première instance et d'appel. »

Expiration d'un bail et congé — Voyez : *Fin du bail par extinction, résolution ou résiliation. — Congé.*

Expulsion d'un locataire. — L'expulsion est toujours forcée.

Elle ne peut être ordonnée que par justice.

Le juge des référés a tous pouvoirs pour l'ordonner :

1° Si, à défaut de paiement de loyers à échéance, *et le bail étant notarié*, l'expulsion a été prévue ;

2° Si le bail authentique ou sous seing privé est expiré.

Au contraire, si le bail est sous seing privé et si l'expulsion est basée sur le défaut de paiement des loyers, ou toute autre inexécution des conditions du bail, le propriétaire doit d'abord obtenir du Tribunal compétent la résiliation du bail ; puis, après le jugement passé en force de chose jugée, il est en droit de requérir l'expulsion. C'est là un point de Jurisprudence qui, après bien des controverses, résulte de plusieurs arrêts de la Cour de Paris.

Si le loyer annuel n'excède pas quatre cents francs, le propriétaire fait citer le locataire devant le Juge de paix.

Si le loyer annuel est au-dessus de cette somme, le propriétaire doit faire assigner le locataire *en referé*, et si le locataire ne conteste pas la validité du congé, le président du Tribunal de première instance, ou le juge qui le remplace, ordonne l'expulsion du locataire, et permet même, en cas de refus d'ouverture des portes, de les faire ouvrir par un serrurier, en présence du Juge de paix ou du Commissaire de police. Lorsque les portes sont ouvertes, l'huissier fait commandement d'exécuter l'ordonnance de référé ; et, en cas de refus, il l'exécute lui-même, en expulsant le locataire et en mettant ses meubles sur le carreau. Si, cependant, le locataire ne payait pas, on ferait saisir et séquestrer ses meubles. S'il paie et ne fait pas faire les réparations locatives, l'huissier dresse un état de ces réparations, et le somme de les faire exécuter sur-le-champ, ou de laisser somme suffisante à cet effet. S'il refuse, on l'assigne en référé devant le juge qui ordonne que, faute par lui d'obéir, les meubles seront séquestrés comme étant le gage de l'exécution du bail. On lui signifie l'ordonnance avec sommation de l'exécuter, et, s'il ne le veut pas, l'huissier séquestre les meubles après en avoir dressé un état, dont il remet copie au locataire. Si le locataire conteste la validité du congé, le président ne peut ordonner l'expulsion, parce que la validité du congé est une question principale. Mais il ne suffit pas que le locataire déclare contester le congé sans produire aucun document utile, surtout lorsqu'il n'a fait aucune protestation pendant tout le délai du congé ; autrement il exposerait le propriétaire qui a loué sous la foi d'un congé non contesté à un préjudice et à une indemnité envers le nouveau locataire, que le locataire sortant ne pourrait souvent réparer. Si la contestation est d'une mauvaise foi évidente, le président ordonne l'expulsion ; en cas de doute, il ordonne que le locataire formera sa demande en nullité de congé à jour fixe devant le Tribunal, sinon il autorise l'expulsion (Debelleyme, *Ordonnances sur requêtes et sur référés*, t. III, p. 121 et 122).

Lorsque le jour auquel expirent les délais du congé est un dimanche ou une fête, on peut expulser le jour précédent (Pigeau, *Procéd. civ.*, t. II, p. 447 ; Rolland de Villargues, v° *Congé*).

Quand le congé a été prononcé par jugement, il va sans dire que si le locataire ne veut pas quitter les lieux à la fin du bail, il suffit de faire mettre le jugement à exécution.

L'expulsion des meubles du locataire peut être ordonnée *après decès*, s'il a été donné préalablement congé, sans avoir besoin d'attendre que la vente du mobilier ait été effectuée par les héritiers. Si les héritiers ne sont pas connus, si la succession est vacante, on provoquera la nomination d'un curateur et l'on agira contre lui.

La faillite du locataire, de même que son décès, n'arrête pas l'effet du congé qui a été donné préalablement.

L'expulsion peut être ordonnée, en accordant toutefois un délai suffisant aux syndics, pour faire procéder à la levée des scellés et vider les lieux ; à leur défaut, le propriétaire peut être autorisé à faire procéder à cette levée de scellés, et à faire mettre les meubles sur le carreau, ou dans un lieu déterminé par une ordonnance de référé. La suspension des poursuites établies par l'article 450 du Code de commerce n'est pas applicable si le propriétaire a un droit acquis à reprendre possession des lieux loués ; en effet l'exploitation du commerce devenant, dès lors, impossible, la raison qui avait fait suspendre la voie d'exécution disparaît; en cas de doute les tribunaux décideraient dans quel cas le propriétaire peut reprendre immédiatement possession des lieux loués (Paris, 19 février 1830, 24 août 1839 et 12 octobre 1842 ; Dalloz, *Rép.*, v° *Faillite*, n° 236).

Un grand nombre de propriétaires, pour éviter les frais et les délais de la demande, à fin d'expulsion des locataires qui s'obstinent à rester dans les lieux après l'expiration du bail ou des délais du congé, emploient un moyen plus expéditif, plus économique, et, selon quelques auteurs, aussi légal que celui indiqué par la loi. Ils font enlever les portes et les fenêtres de l'appartement en présence d'un huissier. Cet usage, pratiqué dans plusieurs provinces, remonte à la plus haute antiquité; il était autorisé par les anciennes coutumes.

Mais M. Troplong (n°s 435 à 442) le combat à l'aide de puissants arguments : « Ces scrupules, dit-il, sont exagérés et tiennent à un abus de cette maxime, souvent faussée et mal comprise : Que nul ne peut se faire justice à soi-même ; il ne s'agit pas de faire violence à la personne du preneur, ni même sur ses meubles. Le propriétaire ne fait acte de disposition que sur sa propre chose. Quelle est donc la loi qui défend au propriétaire d'user à sa volonté de son immeuble devenu libre ? C'est en vain qu'on opposerait le vieux proverbe de droit qui dit qu'un locataire doit être clos et couvert; car que devient l'obligation quand il n'y a plus ni locataire ni bailleur? Le locataire qui, après l'expiration du bail et l'accomplissement de toutes les formalités de la part du propriétaire, refuse de quitter les lieux, n'est plus qu'un usurpateur qui est censé user de violence, lorsqu'il empêche le propriétaire de rentrer dans son bien. C'est ce qu'a jugé la Cour de Nancy le 7 août 1834. »

Agnel adopte entièrement l'opinion de M. Troplong; il la croit aussi fondée en droit strict qu'en équité. Un arrêt rendu par la Cour de Douai, le 19 avril 1858, a jugé dans le même sens (*Journal de procédure*, n° 6742). Cependant, nous conseillons aux propriétaires d'employer pour l'expulsion des locataires le mode indiqué par la loi. En effet, l'enlèvement des portes et des fenêtres peut occasionner, entre le propriétaire et le locataire, des rixes qu'il est prudent de prévenir. La loi de 1838 sur les justices de paix offre au propriétaire, lorsqu'il s'agit de petites locations, c'est-à-dire d'un loyer annuel de 400 francs et au-dessous, un moyen prompt et peu coûteux de se débarrasser des locataires récalcitrants. Le propriétaire n'a donc qu'à s'adresser au Juge de paix qui, s'il y a urgence démontrée, donne, sur la demande du propriétaire, une cédule pour abréger les délais, et peut permettre de citer même dans le jour et à l'heure indiquée. Le Juge de paix valide le congé, s'il le trouve en règle, et ordonne que le locataire évacuera l'appartement ou la maison dans un délai qu'il fixe. (A.)

« Les dispositions de l'article 135 du Code de procédure ci-
« vile sont limitatives et ne sauraient s'étendre par analogie.
« Dès lors, en matière d'expulsion de lieux, l'exécution provi-
« soire, nonobstant appel, ne peut être accordée que s'il n'y a
« point bail ou si le bail est expiré. (A.) »

Ainsi jugé par la 7e Chambre de la Cour d'appel de Paris le 12 février 1887 dans une affaire Doux contre Berger.

« Le propriétaire qui a un bail authentique, aux termes du-
« quel le bail est résilié de plein droit, à défaut de paiement

« d'un terme de fermage, a le droit d'expulser le fermier, même « sans y être autorisé par ordonnance de référé, au cas où le « fermier refuse de vider les lieux. »

Ainsi jugé par arrêt de la Cour de Bourges en date du 2 novembre 1886.

La question tranchée par la Cour est délicate, et nous ne connaissons pas de précédent en jurisprudence.

Le contraire avait été décidé par le Tribunal de Nevers, dans les circonstances suivantes :

En fait, le fermier Lafond ne contestait pas au propriétaire, M. Chaslas, le droit de résilier le bail en vertu de la clause commissoire ; mais le propriétaire étant venu, assisté de la gendarmerie et de son garde particulier, pour l'expulser par ministère d'huissier, le fermier refusa de sortir. Le propriétaire ne devait-il pas prendre la voie du référé, et faire décider par le président si l'expulsion devait être exécutée ?

Le texte du bail permettait-il, en effet, au propriétaire d'expulser ? Dès que le fermier résistait à sortir, une autorité devait décider entre lui et son maître. Le bail ne pouvait peut-être plus être invoqué dans la circonstance, il avait épuisé ses effets en permettant au propriétdire la résolution et la saisie. La Cour a jugé le contraire par l'arrêt que nous rapportons, en posant en thèse qu'un contrat de bail authentique où se trouve la clause commissoire permet au propriétaire de se passer de toute sanction de justice.

« La Cour,

« Attendu que l'appelant, opposant à l'intimé les obligations retenues dans le bail du 27 novembre 1885, et n'ayant point appelé du chef du jugement qui nomme des experts pour procéder aux comptes des parties et à la rendue des lieux, ne saurait sérieusement prétendre que l'intimé n'était point preneur solidaire ;

« Attendu qu'il a été expressément stipulé qu'à défaut de paiement d'un seul terme de fermage, six mois avant l'échéance du terme suivant et quinze jours après un commandement de paiement demeuré infructueux, le bail serait résilié de plein droit pour l'échéance dudit terme suivant, au gré du bailleur et sans qu'il ait à remplir aucune autre formalité judiciaire à cet égard ;

« Attendu que ce pacte commissoire, librement consenti, a opéré par sa seule force, et sans qu'il ait été besoin de l'intervention du juge, la résiliation du bail, dès que les prévisions stipulées se sont réalisées ;

« Que cette résiliation emportait virtuellement l'obligation pour le preneur de vider les lieux loués, et pour les propriétaires le droit d'expulsion ;

« Que, dans ce cas, l'expulsion ne revêt pas un caractère exceptionnel, étant l'exécution même du contrat et la prévision assurée à l'une de ses clauses, elle peut être pratiquée en vertu du bail s'il a force parée, et sans qu'il soit besoin de recourir au juge ;

« Attendu que le bail du 27 novembre 1885 est authentique et revêtu de la forme exécutoire ;

« Attendu que celui qui use de son droit ne cause aucun préjudice à autrui ;

« PAR CES MOTIFS,

« Infirme le jugement dont est appel en ce qu'il prononce contre l'appelant condamnation à 300 francs de dommages-intérêts et à partie des dépens ;

« Réformant et statuant par un nouveau jugé, déclare l'intimé mal fondé dans sa demande en dommages-intérêts et l'en déboute ;

« Décharge l'appelant de la condamnation aux dépens prononcée contre lui ;

« Réserve ces dépens pour y être statué par le jugement définitif ;

« Condamne l'intimé aux dépens d'appel ;

« Ordonne la restitution de l'amende. »

M. JENY, substitut du procureur général (concl. contraires). Plaidants : Me LEFEBVRE (du barreau de Nevers) et Me Ch. LUCAS.

Au surplus, reportez-vous au mot : « *Défaut de garnir les lieux loués.* »

Expulsion d'un locataire ne garnissant pas de meubles suffisants les lieux loués. — Lorsqu'un locataire, en vertu d'un bail sous seings privés, doit des loyers, et que les meubles saisis-gagés dans les lieux sont insuffisants pour en garantir le paiement, le juge des référés est incompétent pour ordonner l'expulsion et la vente des meubles sans autres formalités.

Ainsi jugé par arrêt de la 4e Chambre de la Cour de Paris en date du 15 janvier 1886 dans les circonstances de fait ci-après :

La Compagnie d'assurances générales avait formé en référé une demande en expulsion contre M. Hour, locataire de divers lieux dans un de ses immeubles. On se fondait sur ce que les meubles garnissaient insuffisamment les lieux à lui loués, en vertu d'un bail sous seings privés, et on avait demandé la vente des meubles.

Le 24 décembre 1885, le juge des référés du Tribunal civil de la Seine a rendu l'ordonnance suivante :

« Nous, juge, par empêchement de M. le Président ;

« Attendu qu'il est dû des loyers et que les meubles saisis dans les lieux sont insuffisants pour en garantir le paiement ;

« Attendu que Hour se borne à demander un délai pour se libérer ;

« Disons et ordonnons que Hour devra se libérer dans un délai de deux mois, par quart, de quinzaine en quinzaine, à compter de ce jour ; mais à la condition que faute de paiement d'une fraction à son échéance, le tout deviendra immédiatement exigible, et la Compagnie d'assurances générales est dès à présent autorisée, à défaut par Hour de satisfaire aux conditions ci-dessus, à faire procéder à son expulsion des lieux qu'il occupe, à rentrer en possession desdits lieux et à faire vendre sur place les objets saisis, sans autre formalité préalable que les simples publications et affiches ;

« Ce qui sera exécutoire sur minute et nonobstant appel. »

M. Hour a interjeté appel de cette ordonnance, et Me Michel Pelletier en a développé les moyens.

La Compagnie d'assurances générales a fait défaut.

Après avoir entendu M. Rau, substitut du procureur général, en ses conclusions conformes, la Cour a rendu l'arrêt suivant :

« La Cour,

« Donne défaut contre de Bosredon ès-qualités ;

« En considérant que Hour occupe les lieux à lui loués en vertu d'un acte sous seings privés dont la résiliation n'a pas été prononcée jusqu'à ce jour ;

« Qu'il n'appartenait pas au juge des référés, sans faire échec au principal, de résilier ledit bail par voie détournée, en ordonnant l'expulsion du locataire ;

« Qu'il n'appartenait pas davantage au juge des référés de dispenser le bailleur des formalités de la saisie en ordonnant la vente des meubles du locataire.

« PAR CES MOTIFS,

« Met l'appellation et ce dont est appel à néant ;

« Statuant à nouveau :

« Dit n'y avoir lieu à référé ;

« Et condamne de Bosredon en tous les dépens ;

« Ordonne, vu l'urgence, l'exécution provisoire du présent arrêt sur minute et avant enregistrement, nonosbtant opposition. »

Expulsion d'un fonctionnaire révoqué occupant un local communal. — Un fonctionnaire qui occupe un logement mis à sa disposition par la commune peut, lorsqu'il est révoqué, être expulsé sans congé préalable.

La demande d'expulsion ayant un caractère d'urgence, le juge du référé est compétent pour y faire droit. (Tribunal civil de Constantine, 4 mai 1887.)

Expulsion d'un concierge. — Les concierges sont des serviteurs à gages. Lorsqu'ils ont été congédiés pour faits graves, ils ne peuvent rester dans la maison, contre la volonté du propriétaire, soit comme sous-locataires, soit comme domestiques d'un locataire. Leur maintien dans la maison, sans justification d'un bail à eux régulièrement consenti, est contraire aux dispositions de la loi relativement aux rapports entre maîtres et domestiques. Le propriétaire peut être autorisé par ordonnance de référé à faire expulser les concierges récalcitrants dans les vingt-quatre heures et à requérir au besoin le commissaire de police et la force armée (Ord. de référé du 23 avril 1862 ; *Gaz. des trib.*, 24 avril 1862). Voyez : *Congé*, *Concierge*.

Expulsion de concierge, à la requête du locataire, pour attitude inconvenante. — L'attitude convenable du concierge est une condition essentielle de la jouissance paisible à laquelle tout locataire a droit en vertu de son bail.

En conséquence, le locataire qui a à se plaindre des agissements du concierge, est fondé, en vertu de l'article 1719 du Code civil, à demander son expulsion.

N'est pas fondé, dans ce cas, à opposer devant la juridiction civile, la fin de non-recevoir tirée de la chose jugée le propriétaire qui, cité comme civilement responsable dans une instance correctionnelle introduite contre son concierge pour injures et menaces adressées à un locataire, a été acquitté des fins de la plainte par le jugement du Tribunal répressif, lequel statuant, à son égard, sur une demande formée en vertu de l'article 1384 du Code civil, a déclaré que le délit relevé contre ledit préposé n'ayant pas été commis par lui dans l'exercice de ses fonctions, ne pouvait constituer à la charge du maître un quasi-délit entraînant sa responsabilité.

La demande d'expulsion est une demande nouvelle, qui n'a pu être appréciée par le juge du délit.

Ainsi jugé par la 7e Chambre du Tribunal civil de la Seine, le 27 janvier 1886 dans les circonstances de fait ci-après :

M. Steelle, médecin-dentiste, demeurant à Paris, 63, rue de Sèvres, a formé contre M. Lebreton, propriétaire de la maison dont il est locataire en vertu d'un bail qui ne doit prendre fin qu'en 1890, une demande tendant à faire ordonner l'expulsion de Guerra, concierge, et à faire condamner Lebreton en 1,000 francs de dommages-intérêts, comme civilement responsable du préjudice que ce dernier lui aurait causé par ses agissements dans l'exercice de sa profession.

Le concierge en question avait préalablement été poursuivi à la requête de M. Steelle devant la juridiction correctionnelle, pour diffamation et menaces de mort, et la 11e Chambre, par jugement en date du 5 mai 1884, l'avait condamné à 16 fr. d'amende, 25 fr. de dommages-intérêts et aux dépens pour ce double fait.

M. Lebreton, cité comme civilement responsable à raison du délit relevé contre son préposé, avait été renvoyé des fins de l'action, le Tribunal ayant jugé que, lorsque les faits reprochés à ce dernier se sont produits, il n'était pas dans l'exercice de ses fonctions.

M. Lebreton prétendait tirer de son renvoi une fin de non-recevoir basée sur ce qu'il y avait chose jugée à son égard.

Le Tribunal, sur les plaidoiries de Me Comby, avocat de M. Steelle, de Me Vincent, avocat de M. Lebreton, et les conclusions de M. Allart, substitut du procureur de la république, a rendu le jugement suivant :

« Le Tribunal,

« Attendu que, par jugement rendu le 5 mai 1884, par la 11e Chambre de ce Tribunal, aujourd'hui passé en force de chose jugée, Guerra, concierge de l'immeuble, sis 63, rue de Sèvres, à Paris, appartenant à Lebreton, a été condamné à 16 fr. d'amende et 25 fr. de dommages-intérêts pour injures publiques envers le sieur Steelle, locataire d'un appartement dans ladite maison ; qu'il résulte, en outre, des notes d'audience tenues par le greffier conformément à l'article 189 du Code d'instruction criminelle, que Guerra a proféré contre le demandeur des menaces de mort ;

« Attendu que l'attitude convenable du concierge est une condition essentielle de la jouissance paisible à laquelle tout locataire a droit en vertu de son bail ;

« Attendu qu'il résulte des documents de la cause que les injures et menaces proférées par Guerra contre Steelle ont effectivement troublé et troublent encore celui-ci dans sa paisible jouissance des lieux loués, que Lebreton, en sa qualité de bailleur, est tenu de lui assurer tant par lui-même que par ses préposés ; que c'est donc à bon droit que Steelle demande que Lebreton soit tenu de mettre fin à ce trouble par le renvoi du concierge qui en est l'auteur ;

« Sur les dommages-intérêts :

« Attendu que Lebreton en maintenant, dans les lieux loués en connaissance de cause, le concierge, auteur du trouble, a causé préjudice au demandeur ; que le Tribunal arbitre à 25 fr. la réparation qui lui est due de ce chef ;

« Attendu que, pour repousser cette demande, Lebreton n'est pas fondé à prétendre qu'il y a chose jugée à cet égard par le jugement correctionnel sus-énoncé ;

« Que la demande dont le Tribunal est actuellement saisi est, en effet, fondée sur la violation par le bailleur, de l'obligation que lui impose l'article 1719 du Code civil,

« Par ces motifs,

« Dit que dans le mois de la signification du présent jugement, Lebreton sera tenu d'expulser de sa maison sise à Paris, rue de Sèvres, n° 63, le sieur Guerra, concierge, et faute par lui de ce faire dans ledit délai et icelui passé, le condamne à payer à Steelle la somme de 10 fr. par chaque jour de retard pendant un mois, après quoi il sera fait droit ;

« Condamne en outre Lebreton à payer au demandeur la somme de 25 fr. à titre de dommages-intérêts, tels que de droit à partir du jour de la demande ;

« Déclare Steelle mal fondé dans le surplus de sa demande, l'en déboute ;

« Condamne Lebreton aux dépens, etc. »

F

Faculté de sous-louer ou de céder un bail. — Voyez : *Autorisation expresse ou légale de sous-louer ou céder un bail. — Sous-location autorisée tacitement.*

Faculté de sous-louer même après action en résiliation de bail basée sur un défaut de gage. — Le fermier contre lequel a été formée une demande en résiliation de bail pour défaut de nantissement de la ferme et déconfiture conserve néanmoins, tant que la résiliation n'a pas été prononcée par jugement ayant acquis force de chose jugée, le droit de céder son bail, alors que le cessionnaire offre de remplir toutes les conditions du bail, et que, d'ailleurs, il présente par sa fortune toute garantie au propriétaire. (Cod. Nap. 1717 et 1766 ; Caen, 23 mai 1857, (Dalloz 1858. 2. 86.)

Faculté de sous-louer accordée au créancier du locataire. — Aux termes de l'article 2102 du Code civil, les créances privilégiées sur certains meubles sont :

1° Les loyers et fermages des immeubles, sur les fruits de

la récolte de l'année, et sur le prix de tout ce qui garnit la maison louée ou la ferme, et de tout ce qui sert à l'exploitation de la ferme ; savoir, pour tout ce qui est échu, et pour tout ce qui est à échoir, si les baux sont authentiques, ou si, étant sous signature privée, ils ont une date certaine ; et, dans ces deux cas, les autres créanciers ont le droit de relouer la maison ou la ferme pour le restant du bail, et de faire leur profit des baux ou fermages, à la charge toutefois de payer au propriétaire tout ce qui lui serait encore dû ;

Et, à défaut de baux authentiques, ou lorsqu'étant sous signature privée, ils n'ont pas une date certaine, pour une année à partir de l'année courante ;

Le droit de relocation ouvert aux créanciers par l'article 2102 C. Nap. peut être exercé, malgré la clause d'interdiction de sous-louer exprimée dans le bail, ce droit de relocation étant entièrement distinct de celui de sous-location ou de cession du bail. (Cass. 28 déc. 1858, Dalloz 1859, 1. 63).

Voyez : *Faillite du locataire.*

Faillite du bailleur par rapport au paiement du loyer. — La faillite du bailleur ne peut porter aucune atteinte aux droits du locataire, résultant d'un bail régulier, pour cause licite ayant date certaine.

En cas de faillite du propriétaire de l'immeuble loué, c'est entre les mains des syndics, représentant les créanciers, que les loyers et fermages doivent être versés.

Voyez : *Vileté de prix du loyer.*

Faillite du locataire. — Les droits du propriétaire, en cas de faillite du locataire, sont réglés par la loi du 19 février 1872 qui a modifié de la manière suivante les articles 450 et 550 du Code de commerce :

Art. 450. — « Les syndics auront, pour les baux des immeubles affectés à l'industrie et au commerce du failli, y compris les locaux dépendant de ces immeubles et servant à l'habitation personnelle du failli et de sa famille, huit jours à partir de l'expiration du délai accordé par l'article 492 du Code de commerce, aux créanciers domiciliés en France, pour la vérification de leurs créances, pendant lesquels ils pourront notifier au propriétaire leur intention de continuer le bail, à la charge de satisfaire à toutes les obligations du locataire.

« Cette notification ne pourra avoir lieu qu'avec l'autorisation du juge-commissaire, et le failli entendu.

« Jusqu'à l'expiration de ces huit jours, toutes voies d'exécution sur les effets mobiliers servant à l'exploitation du commerce ou de l'industrie du failli, et toutes actions en résiliation de bail seront suspendues, sans préjudice de toutes mesures conservatoires et du droit qui serait requis au propriétaire de reprendre possession des lieux loués. — Dans ce cas, la suspension des voies d'exécution établies au présent article cessera de plein droit.

« Le bailleur devra, dans les quinze jours qui suivront la notification qui lui serait faite par les syndics, former la demande en résiliation.

« Faute par lui de l'avoir formée dans ledit délai, il sera réputé avoir renoncé à se prévaloir des causes de résiliation déjà existantes à son profit. »

Art. 550. — « L'article 2102 du Code civil est ainsi modifié quant à la faillite : « Si le bail est résilié, le propriétaire d'immeubles affectés à l'industrie ou au commerce du failli aura privilège pour les deux dernières années de location échues, pour l'année courante, pour tout ce qui concerne l'exécution du bail et les dommages-intérêts qui pourront être alloués par les tribunaux.

« Au cas de non-résiliation, le bailleur, une fois payé de tous les loyers échus, ne pourra exiger le paiement des loyers en cours ou à échoir, si les sûretés qui lui ont été données lors du contrat sont maintenues, ou si celles qui lui ont été fournies depuis la faillite sont jugées suffisantes.

« Lorsqu'il y aura vente et enlèvement des meubles garnissant les lieux loués, le bailleur pourra exercer son privilège comme au cas de résiliation ci-dessus, et en outre, pour une année à échoir à partir de l'expiration de l'année courante, que le bail ait ou non date certaine.

« Les syndics pourront continuer ou céder le bail pour tout le temps restant à courir, à la charge par eux ou leurs cessionnaires de maintenir dans l'immeuble un gage suffisant, et d'exécuter, au fur et à mesure des échéances, toutes les obligations résultant du droit ou de la convention, mais sans que la destination des lieux loués puisse être changée.

« Dans le cas où le bail contiendrait interdiction de céder le bail ou de sous-louer, les créanciers ne pourront faire leur profit de la location que pour le temps en raison duquel le bailleur aurait touché ses loyers par anticipation et toujours sans que la destination soit changée.

« Le privilège et le droit de revendication établis par le n° 4 de l'article 2102 du Code civil, au profit du vendeur d'effets mobiliers, ne peuvent être exercés contre la faillite. »

Ces dispositions du Code de commerce ainsi modifiées par la loi du 19 février 1872, ne sont pas applicables aux baux qui, avant la promulgation de cette loi, ont acquis date certaine. Toutefois, le propriétaire qui, en vertu desdits baux, a privilège pour tout ce qui est échu et pour tout ce qui est à échoir, ne pourra exiger par anticipation des loyers à échoir, s'il lui est donné des sûretés suffisantes pour en garantir le paiement (Loi du 19 février 1872, art. 2).

Ainsi, la faillite n'est point par elle-même une cause de résiliation du bail ; mais elle peut ouvrir en faveur du propriétaire une action pour le faire résilier au cas de non-paiement des loyers. Si le bail est résilié, le propriétaire a privilège pour les deux dernières années échues, avant le jugement déclaratif, pour l'année courante, pour les indemnités que les tribunaux reconnaîtront lui être dues à raison soit des abus de jouissance, soit des réparations locatives ou à tout autre titre, et, en général, pour tout ce qui concerne l'ancien bail. Les deux années échues, pour lesquelles le propriétaire a privilège, doivent être comptées en prenant pour point de départ la date du contrat : ainsi, si le bail a commencé le

1er avril 1867 et que la faillite ait été déclarée le 1er juillet 1870, les deux dernières années échues sont celles qui se placent entre le 1er avril 1868 et le 1er avril 1870, date où a commencé *l'année courante*. Dans le cas où le propriétaire aurait laissé s'accumuler des loyers remontant à une date antérieure à ces deux années, il pourra se présenter à la faillite pour la dette que ces loyers représentent ; mais il ne sera que créancier pur et simple et sans aucun privilège.

Au cas de non-résiliation, c'est-à-dire si nonobstant la faillite, le locataire ou les ayants cause ont entièrement exécuté le contrat, le bail est maintenu dans ses conditions primitives qui ne peuvent être ni aggravées ni changées, et les loyers ne sont dus qu'au fur et à mesure d'échéance.

Si le propriétaire n'étant pas payé de tous ses loyers échus, fait vendre le mobilier garnissant les lieux ou si ce mobilier a été vendu à diligence des syndics ou sur les poursuites de tout autre, le propriétaire peut faire valoir son privilège de bailleur non seulement comme dans le cas de résiliation pour deux années de loyers échus, l'année courante, les indemnités et en général tout ce qui concerne l'exécution du bail, mais en outre pour une année à échoir. Dans ce cas, le privilège du propriétaire peut donc s'étendre à quatre années : deux années échues, l'année courante et l'année à venir.

Si le bail est muet sur le droit de relocation, ce droit existe en faveur du locataire qui peut l'exercer soit par voie de sous-location, soit par voie de cession. Les créanciers du failli ont le même droit que leur débiteur. Ainsi, la relocation ne pourra avoir lieu que dans les termes mêmes du contrat originaire, et sans que la destination des lieux loués puisse être changée. En un mot, les créanciers seront tenus de remplir d'une manière générale tous les engagements de leur débiteur et notamment de faire les travaux qui avaient pu lui être imposés par le contrat.

Si le bail contient interdiction de céder le bail ou de sous-louer, et si le locataire ne peut pas personnellement continuer l'exécution du contrat, le bail devra nécessairement être résilié, si ce n'est pour le temps à raison duquel le bailleur aurait touché ses loyers par anticipation, soit par suite d'une clause assez fréquente dans les baux, soit par suite de la disposition insérée au quatrième paragraphe de l'article 550 et qui lui accorde un privilège pour l'année courante et une année à venir. (Alauzet, *Commentaire du Code de commerce*, t. VI, p. 207 et 539 ; Genevois, *Commentaire de la loi du 19 février* 1872.) (Agnel.)

Voyez : *Résiliation pour faillite ou déconfiture du locataire*.

Fermages. — Prix du loyer de biens immobiliers que le fermier paie au propriétaire.

Les fermages constituent des fruits civils.

Aux termes de l'article 1155 du Code civil, les revenus échus, tels que fermages, loyers, arrérages de rentes perpétuelles ou viagères, produisent intérêt du jour de la demande ou de la convention.

La même règle s'applique aux restitutions de fruits, et aux intérêts payés par un tiers au créancier en acquit du débiteur.

Les fermages se prescrivent, comme les loyers de maison et intérêts de sommes prêtées, par cinq ans.

Fermage avec partage des fruits. — Aux termes des articles 1763 et 1764 du Code civil, celui qui cultive sous la condition d'un partage de fruits avec le bailleur, ne peut ni sous-louer ni céder, si la faculté ne lui en a été expressément accordée par le bail.

En cas de contravention, le propriétaire a droit de rentrer en jouissance, et le preneur est condamné aux dommages-intérêts résultant de l'inexécution du bail.

Fermeture de la porte d'entrée d'une maison occupée par plusieurs locataires. — En principe, et sauf stipulation contraire dans le bail, le preneur peut rentrer dans son logement à toute heure du jour ou de la nuit sans que le portier soit fondé à refuser d'ouvrir la porte après telle ou telle heure.

Voyez : *Porte cochère.*

Fermier. — Celui qui loue un bien rural, ferme ou parcelles détachées constituant un ensemble d'exploitation, est tenu à certaines obligations, et, par contre, la loi lui accorde certains droits.

Aux termes des articles 1765 et suivants du Code civil, si, dans un bail à ferme, on donne aux fonds une contenance moindre ou plus grande que celle qu'ils ont réellement, il n'y a lieu à augmentation ou diminution de prix pour le fermier, que dans les cas et suivant les règles exprimées au mot : « *Garantie de la contenance.* »

Si le preneur d'un héritage rural ne le garnit pas des bestiaux et des ustensiles nécessaires à son exploitation, s'il abandonne la culture, s'il ne cultive pas en bon père de famille, s'il emploie la chose louée à un autre usage que celui auquel elle a été destinée, ou, en général, s'il n'exécute pas les clauses du bail, et qu'il en résulte un dommage pour le bailleur, celui-ci peut, suivant les circonstances, faire résilier le bail.

En cas de résiliation provenant du fait du preneur, celui-ci est tenu des dommages et intérêts.

Tout preneur de bail rural est tenu d'engranger dans les lieux à ce destinés d'après le bail.

Le preneur d'un bien rural est tenu, sous peine de tous dépens, dommages et intérêts, d'avertir le propriétaire des usurpations qui peuvent être commises sur les fonds.

Cet avertissement doit être donné dans le même délai que celui qui est réglé en cas d'assignation suivant la distance des lieux.

Les fermages se prescrivent par cinq ans.

Filles de débauche. — Aux termes de l'article 2 de l'ordonnance du 6 novembre 1778, il est défendu à tous les propriétaires et principaux locataires de la ville et des faubourgs de Paris de ne souffrir dans leurs maisons aucun lieu de débauche, sous peine de 500 livres d'amende. L'article 3 de la même ordonnance enjoint, sous peine de 500 livres d'amende, aux propriétaires et locataires des maisons où il aura été introduit des femmes de mauvaise vie, d'en faire, dans les vingt-quatre heures, la déclaration au commissaire du quartier. L'article 4 défend de sous-louer et de s'entremettre directement ou indirectement dans de telles locations sous peine de 400 livres d'amende.

Cette ordonnance, n'ayant pas été abrogée par aucune loi, est encore en vigueur et doit être appliquée (Paris, Ch. des appels de pol. correct., 18 fév. 1846 ; *Gaz. des Trib.*, 19 février 1846).

Voyez : *Maison de tolérance.*

Filles publiques. — La présence dans un immeuble de filles publiques auxquelles un locataire a consenti une sous-location peut autoriser de la part d'un autre locataire une action en résiliation de son bail.

(Cour de Lyon, 1re Chamb., 29 juillet 1887, affaire *Thevenot-Durouglé*).

Fils télégraphiques causant un trouble de jouissance. — Le locataire d'une maison louée pour servir d'annexe à une hôtellerie est fondé à demander au bailleur unc diminution du prix du bail à raison du préjudice — tel que la perte de l'achalandage de l'hôtellerie, — résultant du bruit produit par les vibrations des fils télégraphiques appliqués par ordre de l'administration contre la maison louée (C. Nap. 1719, 1721, 1726).

(Angers, 25 juillet 1855.)

Fin du bail par suite d'expiration, de résolution ou de résiliation volontaire ou forcée. — Le bail cesse de plein droit par l'expiration du temps pour lequel il a été convenu, soit qu'il ait été fait sans écrit, soit qu'il ait été fait par écrit.

Lorsque la durée du bail n'est déterminée ni par la convention des parties, ni, à son défaut, par la nature de la chose louée, les contractants peuvent le faire cesser, en se donnant congé dans les délais fixés par l'usage des lieux. Voyez : *Délais de congé.*

Tel est le sens dans lequel on doit entendre les articles 1736 et 1737 du Code civil dont voici le texte :

ART. 1736. — Si le bail a été faits sans écrit, l'une des parties ne pourra donner congé à l'autre qu'en observant les délais fixés par l'usage des lieux.

ART. 1737. — Le bail cesse de plein droit à l'expiration du temps fixé, lorsqu'il a été fait par écrit, sans qu'il soit nécessaire de donner congé.

Ces expressions, *bail fait sans écrit* et *bail fait par écrit,* employées dans les articles 1736 et 1737, signifient : *bail dont la durée est fixée* et *bail dont la durée n'est pas fixée* (Delvincourt, t. III, note, p. 195 ; Duranton, n° 116 ; Duvergier, t. III, n° 485, et Troplong, n° 404).

« Si, à l'expiration des baux écrits, porte l'article 1738 du Code civil, le preneur reste, et est laissé en possession, il s'opère un nouveau bail, dont l'effet est réglé par l'article relatif aux locations faites sans écrit », ce qui veut dire que, dans ce cas, l'une des parties ne peut donner congé à l'autre qu'en observant les délais d'usage (C. c., art. 1736.)

C'est ce nouveau bail résultant du consentement présumé du bailleur et du preneur qu'on appelle, en droit, *tacite reconduction*. Voyez : *Tacite reconduction.*

Lorsqu'il y a un congé signifié, le preneur, quoiqu'il ait continué sa jouissance, ne peut invoquer la tacite reconduction (C. c., art. 1739) ; il en serait de même d'un congé non signifié, mais accepté. Tout congé empêche la tacite reconduction pour un bail à terme, à l'expiration du terme ; pour un bail sans terme, à l'expiration des époques fixées par les usages locaux.

Ainsi, soit que le congé ait été signifié ou qu'il ait été accepté, ce qui offre le même résultat, le locataire ne pourra pas prétendre qu'il a le droit de continuer sa location, puisque, dans le premier cas, le propriétaire lui a fait savoir qu'il fallait qu'il sortît des lieux à l'expiration du bail, et que, dans le second cas, le locataire a accepté lui-même son congé.

Le locataire sera donc obligé de vider les lieux, lors même qu'il y aurait passé, depuis l'expiration de son bail, un certain nombre de jours, sans qu'il soit nécessaire de lui donner un nouveau congé.

Cependant si, après le congé signifié, le locataire demeure dans les lieux un assez long temps, quelques semaines par exemple, sa non-sortie des lieux peut être interprétée comme une continuation de la location ; dans ce cas, au point de vue juridique, il y a tacite reconduction. Reportez-vous au mot: *Tacite reconduction*.

Lorsqu'un bail est fait pour des périodes préfixées au choix respectif des parties, et que le bailleur a régulièrement donné congé au preneur pour la fin de l'une de ces périodes, le fait par le bailleur d'avoir laissé, postérieurement au temps fixé par le congé, le preneur en possession des lieux, ne fait pas revivre le premier bail, mais constitue seulement, par voie de tacite reconduction, une location nouvelle, sans écrit, dans les termes des articles 1738 et 1739 du Code civil, et, en conséquence, le bailleur peut valablement faire cesser cette location au moyen d'un second congé par lui régulièrement donné dans les délais d'usage (Paris, 3e Ch. 17 sept. 1860, *Gaz. des Trib.*, 30 nov., et *Droit*, 14 déc. 1860).

Le bail finit encore par l'événement de la condition résolutoire que les parties ont insérée dans le contrat ; mais l'accomplissement de la condition n'a pour effet, comme dans les cas ordinaires, de remettre les choses dans le même état que s'il n'y avait pas eu de contrat. Elle opère seulement la résiliation pour l'avenir, et le preneur doit continuer sa jouissance jusqu'à l'expiration du terme dans le courant duquel l'événement est arrivé, et jusqu'à la fin de l'année, s'il s'agit des immeubles dont les fruits se recueillent en une année. On peut rapporter ce cas à celui où les parties, ayant fait un bail de neuf ans, par exemple, il a été convenu qu'il serait loisible à chacune d'elles de résilier, au bout de trois ans ou de six ans, en se prévenant un certain temps d'avance ; c'est là une condition résolutoire potestative. La clause peut même n'être insérée que dans l'intérêt de l'une des parties seulement, le bailleur ou le preneur, n'importe. Si l'avertissement est donné verbalement, et que la partie à laquelle il est donné ne veuille pas l'agréer de cette manière, il faut le faire signifier (par huissier) : cela est toujours le plus prudent (Duranton, nos 127 et 128).

Le bail est résolu aussi pour la perte de la chose louée. Voyez : *Destruction totale ou partielle de la chose louée.*

Le bail cesse aussi par le mutuel consentement des parties ; sauf les droits des tiers, par exemple, ceux du sous-locataire dont le bail aurait acquis date certaine au moment de la convention de résiliation.

Le bail finit également par la *consolidation*, c'est-à-dire, par la réunion dans la même personne de la qualité de propriétaire ou d'usufruitier et celle de locataire ; soit que le locataire hérite du propriétaire, soit que le propriétaire hérite du locataire. Mais le contrat de louage n'est point résolu par la mort du bailleur, ni par celle du preneur (C. civ., art. 1742). On est censé ici, comme en général, avoir traité pour soi et pour ses héritiers (Arg. de l'art. 1122, C. civ.).

Cependant les parties peuvent stipuler dans le bail qu'il prendra fin par la mort, soit du bailleur, soit du preneur, ou par la mort de l'un ou de l'autre.

Autrefois, on décidait que quand le bail n'était pas fait pour un temps déterminé, mais pour durer *tant qu'il plairait au bailleur*, il finissait par la mort de celui-ci, et qu'il cessait aussi par la mort du locataire, s'il avait été fait pour durer à son *plaisir et volonté* (Despeisses, *Du louage*, titre II, section V, nos 19 et 20 ; Pothier, *Du louage*, n° 317). Ces clauses sont aujourd'hui d'un usage peu fréquent. Cependant, si les parties avaient jugé à propos de s'en servir, nous pensons qu'il faudrait les entendre dans le sens donné ci-dessus, et leur attribuer le même effet; car, dans les conventions, on doit rechercher quelle a été la commune intention des parties (C. civ., art. 1156), et comme celle-ci n'a rien d'illicite, elle peut donc être fidèlement exécutée. Toutefois, on devra observer, quant à la sortie des lieux, les délais ordinaires pour donner le congé. Telle est aussi l'opinion de M. Duvergier (tome III, n° 517) et Troplong (n° 471). Au reste, un arrêt de la Cour de Paris, 3e Ch., 20 juill. 1840, a décidé dans le même sens (P. 40. 2. 213).

Le bail peut prendre fin par la perte de la chose louée. Voyez : *Fin du bail par destruction*, etc.

Le bail peut aussi prendre fin si la résolution en est prononcée par jugement. Voyez : *Causes de résiliation du bail. — Résiliation pour inexécution des clauses et conditions. — Résiliation pour défaut de paiement des loyers.*

La fin d'un bail par résiliation entraîne certaines conséquences graves. Voyez : *Conséquences résultant de la résiliation d'un bail.*

A l'égard des sous-locataires, voyez *Conséquences de la résiliation du bail principal.*

Enfin, pour diverses questions secondaires, reportez-vous aux mots : *Congé. — Présomptions de résiliation de bail. — Décès du bailleur ou du preneur. — Résiliation tacite. — Preuves de résiliation. — Faillite du locataire. — Défaut de paiement des loyers. — Défaut d'entretien de la chose louée. — Usage des lieux loués. — Destination des lieux loués.*

Fin du bail par destruction totale ou partielle de la chose louée. — La destruction, par un fait indépendant de la volonté du locataire, de la perte totale ou partielle de la chose louée, donne ouverture à indemnité au profit du locataire.

(Rouen, 19 juin 1874.)

Le bail peut être résilié aussi bien par la perte partielle de l'édifice que par la perte totale, si, par exemple, la chose louée a subi des modifications assez importantes pour qu'elle soit devenue impropre à l'usage auquel elle était destinée.

Et cela quand bien même le bail rendrait responsable le locataire de la perte de la chose.

(Paris, 1er avril 1868.)

Le bail se résout par la perte de la chose louée. (Code civ., art. 1741).

Mais cette disposition de la loi est-elle applicable lorsque la perte de la chose louée n'est que partielle? La réponse est facile; elle est écrite textuellement dans l'article 1722, qui porte que : « Si, pendant la durée du bail, la chose louée est détruite en totalité, le bail est résilié de plein droit; si elle n'est détruite qu'en partie, le preneur peut, suivant les circonstances, demander ou une diminution de prix, ou la résiliation du bail. Dans l'un et l'autre cas, il n'y a lieu à aucun dédommagement. »

Ainsi, lorsque la chose louée a péri en totalité, la résiliation du bail est forcée. Le bailleur ne pourrait retenir le preneur dans les liens du contrat, en lui offrant de réédifier la maison louée, ou de lui en donner une autre semblable : de son côté, le preneur serait non recevable à exiger du bailleur la réédification de la maison. (Troplong, n° 213, et Duvergier, t. III, n° 521.) Voyez : *Perte totale ou partielle de la chose louée.*

Mais, si la chose n'est détruite qu'en partie, l'option entre la diminution du prix et la résiliation du bail appartient exclusivement au preneur, en ce sens qu'il pourrait, malgré l'offre de résiliation faite par le bailleur, maintenir le bail en réclamant une diminution du prix. (Cass., 23 juill. 1827; Rouen, 15 juin 1844; S.-V. 27. 1. 490. — 44, 2, 548; Aubry et Rau, t. III, p. 357, note 2.)

Ce serait un cas de force majeure, pour lequel le bailleur ne devrait aucun dédommagement, que celui où, par l'effet des règlements de voirie, l'autorité aurait ordonné la démolition entière d'une maison sujette à reculement, sauf au propriétaire à reconstruire sur un nouvel alignement. Le locataire serait alors forcé de quitter cette habitation, sans attendre la fin du bail et sans pouvoir réclamer aucune indemnité pour le dommage qu'il éprouve de cette privation de jouissance. Mais, si l'alignement ne retranchait qu'une partie de la maison, le locataire aurait le choix entre une diminution de loyer et la résiliation du bail. (Bordeaux, 4 oct. 1831 ; D. 32. 2. 28.)

Il en serait autrement si un ordre de la voirie empêchait de réparer un mur qui ne se trouve point à l'alignement, et dont la solidité a été compromise par les travaux du propriétaire lui-même; le fait de ce dernier deviendrait ici la seule cause originaire du préjudice occasionné au locataire qui serait privé d'une portion de la maison (même arrêt). Nous pensons avec M. Troplong, n° 216, que le locataire pourrait obtenir, s'il y a lieu, des dommages et intérêts. (A.)

Il faudrait appliquer la même règle si l'autorité avait ordonné la démolition de la maison sur les instances du propriétaire lui-même, qui aurait provoqué l'alignement. Dans ce cas, le bailleur devra aussi des dommages et intérêts au preneur. (Arrêt précité de la Cour de Bordeaux.)

Mais la démolition et la reconstruction du mur de façade d'une maison, ordonnée par l'administration de la voirie, pour cause de vétusté, n'est pas un cas fortuit qui autorise le propriétaire à demander la résiliation du bail. Toutefois le locataire est fondé, dans ce cas, à demander l'indemnité du préjudice résultant d'abord des travaux dont la durée a excédé le temps prescrit par le bail pour le cas de grosses réparations, et ensuite des changements apportés dans les lieux. (Paris, 8 mars 1841, confirmatif d'un jug. du Trib. de la Seine; *Gaz. des trib.*, 18 mars 1841.) Voyez : *Démolition forcée d'une maison.*

Les loyers sont des fruits civils qui s'acquièrent jour par jour (art. 586 du C. civ.); ils ne cessent d'être dus que du jour de la perte. Il n'y a lieu à aucun dédommagement, parce que nul n'est responsable d'un cas fortuit (art. 1148 du C. civ.), sauf stipulation expresse, ou s'il y avait faute de la part du bailleur, ou encore si la perte provenait de vices existant lors du contrat. Au reste, le preneur ne peut demander la résiliation qu'autant que la perte partielle le priverait d'une jouissance suffisante pour son usage; car, s'il lui en reste assez, il n'a droit qu'à une réduction. Remarquez que, quand la perte n'est que partielle, et que cependant elle est assez considérable pour donner lieu à la résiliation du bail, c'est le preneur seul qui a droit de demander cette résiliation, puisqu'en effet lui seul éprouve un préjudice quant à sa jouissance. Si donc le preneur, désirant rester dans les lieux loués, préfère demander une diminution sur le prix du bail, le bailleur ne peut s'opposer à ce qu'elle lui soit accordée en offrant de résilier le bail; et les juges excéderaient leurs pouvoirs en ordonnant la résiliation contre le vœu du preneur. C'est en faveur de ce dernier que l'option entre la résolution du bail et la diminution du prix est établie; la prononcer malgré lui serait une atteinte portée à ses droits, et une violation de l'article 1722 du Code civil. (Cass., 23 juill. 1827, S.-V. 27. 1. 490.)

Voyez : *Démolition forcée.*

Force majeure. — Voyez : *Cas fortuit.*

Forme du congé amiable ou par huissier. — Le congé peut être amiable ou judiciaire.

Il est amiable, s'il est donné verbalement ou par écrit, et, en tout cas, accepté et donné d'un commun accord. Dans ce cas, il suffit que le locataire reconnaisse qu'il a reçu congé pour le..... des lieux qu'il habite, et qu'il accepte ce congé.

Il est judiciaire, c'est-à-dire signifié par huissier, si l'accord dont il vient d'être parlé, n'existe pas.

Le congé verbal peut présenter de graves inconvénients, en ce que, si l'une des parties le nie, l'autre ne peut invoquer la preuve testimoniale, lors même que le loyer annuel n'excède pas 150 francs (Arg. de l'art. 1715 du Code civil, qui refuse la preuve testimoniale d'un bail verbal qui n'a encore reçu aucune exécution, et qui est nié, quelque modique qu'en soit le prix. Cass., 12 mars 1816.)

Ainsi, nous engageons les propriétaires et les locataires à ne jamais donner ni accepter de congés verbaux.

Il est valablement donné, soit par acte notarié, ou sous seing privé, soit par exploit d'huissier.

Lorsque l'une des parties accepte à l'amiable le congé qui lui est donné par l'autre, il suffit alors de le rédiger par acte sous seing privé. Dans ce cas, il doit être fait sur papier timbré, afin d'éviter l'amende s'il était nécessaire de le produire en justice ; il doit aussi être daté et signé ; il est nécessaire de le faire *double*, car il contient les conventions réciproques (Code civil, art. 1325), puisque le propriétaire sera tenu de laisser sortir le locataire, et que ce dernier prend l'engagement de vider les lieux à l'épopue déterminée. Il ne faut pas oublier cette mention : *fait double*.

Il arrive fréquemment que le propriétaire se contente, pour donner congé, d'apposer son acceptation au bas de la quittance qu'il remet au locataire. Nous ne saurions trop détourner les propriétaires et les locataires d'un semblable moyen, non seulement parce qu'aux yeux de la loi un congé donné de cette façon n'est point valable, comme congé sous seing privé, mais encore parce qu'il peut en résulter bien des difficultés. En effet, il est certain qu'un congé apposé ainsi au bas d'une quittance ne saurait être valable, puisque la preuve de l'existence du congé se trouve entre les mains du locataire et dépend de sa volonté, et que, d'un autre côté, la loi déclare nul l'acte constitutif d'une convention qui n'est pas fait en autant de doubles qu'il y a de contractants (Art. 1325 du Code civil). Enfin, outre la validité du congé, qui peut être contestée, l'usage de le donner de cette manière peut entraîner de graves inconvénients. Par exemple, si le locataire, soit dans ses intérêts, soit autrement, ne veut pas déménager, il niera la quittance, paiera une seconde fois son terme, et contraindra ainsi le propriétaire à le laisser jouir des lieux jusqu'à la fin du terme suivant. (A.)

Le congé donné par lettre et accepté de même n'est pas plus valable, comme sous seing privé, que celui qui est apposé au bas d'une quittance. Ainsi, le congé donné dans une quittance ou par lettre ne vaut donc que comme congé verbal, et nous avons suffisamment fait connaître les inconvénients qui résultent d'un congé donné de cette manière. Il est donc prudent, afin d'éviter toute espèce de contestation, de faire un congé sous seing privé *en doubles originaux.*

Si les parties ne sont pas d'accord, il est nécessaire de faire signifier le congé par huissier ; car, dans ce cas, elles n'ont pas d'autre moyen de faire cesser le bail.

C'est la partie qui le fait signifier qui doit en supporter et payer les frais. Mais lorsque le locataire est redevable d'un ou de plusieurs termes de loyer et que le propriétaire lui a fait signifier congé par huissier, les frais du congé sont à la charge du locataire.

Lorsqu'un immeuble loué appartient à plusieurs propriétaires par indivis, le congé doit être donné par les copropriétaires ; cependant, le congé donné par un seul est valable, si, du reste, il n'est pas désavoué par les autres copropriétaires (Cass., 5 pluviôse an XII ; Douai, 6 fév. 1828). Mais, si le congé était signifié par l'un des copropriétaires par indivis, contre la volonté des autres, ce congé ne serait pas valable. Le bail se continuerait (Troplong, n° 428, et Curasson, t. Ier, page 365, n° 31.)

Le congé que le propriétaire a fait signifier à l'un des locataires solidaires seulement, est valable à l'égard de l'autre (Paris, 4e Ch., 18 avril 1857, *Gaz. des Trib.*, 28 mai 1857 ; Trib. de la Seine, 5e Ch., 3 avril 1857, *Droit*, 16 avril 1857.)

Pareillement, est suffisant et valable le congé des lieux loués à une société en nom collectif, lors même qu'il n'est donné qu'à un seul des associés et sans employer la raison sociale (Trib. de la Seine, 19 juill. 1862 ; *Droit*, 12 sept. 1862.)

Mais, quand le bail a été consenti à plusieurs locataires par indivis, le congé donné par l'un d'eux suffit-il pour faire cesser la location à l'égard des autres communiers ?

Le congé donné par l'un d'eux, pour ce qui le concerne, est insuffisant ; il faut, pour mettre fin au bail, le concours de tous les preneurs (Cass., 19 avril 1831, D. P. 31. 1. 143. — Mais si la solidarité n'existe pas entre les preneurs, le congé donné par l'un d'eux sera valable et aura pour effet de rompre le bail ; si les autres preneurs continuent leur jouissance, c'est alors un nouveau bail tacitement consenti à leur égard par le propriétaire, et qui n'engage point celui qui a fait signifier le congé (Curasson, t. Ier, p. 365, n° 30, et Troplong, n° 429).

Le congé donné par huissier à la requête du propriétaire, et signifié au locataire, est-il nul lorsque la copie est laissée au portier ?

Le Tribunal de la Seine, 1re Ch., par jugement du 21 oct. 1837 (*Gaz. des Trib.*, 22 oct. 1837), a décidé affirmativement cette question.

Quant à nous, dans le silence de la loi, cette difficulté ne nous paraît pas susceptible d'une solution absolue ; mais il faut avouer que si ce mode de remise de la copie n'entraîne pas nullité, il peut offrir néanmoins de graves inconvénients par l'état de dépendance où se trouve le portier vis-à-vis du propriétaire ; aussi, appartient-il aux magistrats d'apprécier les circonstances de la cause et d'annuler l'acte, s'ils reconnaissent que le portier s'est rendu coupable de négligence ou de fraude envers le locataire. Telle est aussi sur ce point l'opinion de MM. Carré et Chauveau, *Lois de la procédure*, t. Ier, p. 420, et t. VII, p. 86, et Bioche, *Dict. de procédure*, v° *Exploit*, n° 265. (A.)

Le portier a qualité pour recevoir les exploits signifiés à la requête du locataire au propriétaire qui habite la même maison ; l'influence du locataire sur le portier ne peut, en effet, contre-balancer celle du propriétaire.

Est nul le congé donné à un locataire détenu, encore bien que ce congé ait été signifié au dernier domicile, alors que la signification n'en est point parvenue à la connaissance du locataire (Trib. de la Seine, 5e Ch., 31 mai 1842; *Droit*, même année.)

Le congé donné par exploit d'huissier, à la requête du propriétaire, est signifié au locataire. Si le locataire a cédé son bail, c'est au cessionnaire qu'il doit être signifié, lorsque toutefois le locataire a fait notifier au propriétaire la cession du bail (Nîmes, 28 frim. an XI.)

Le congé, donné à la requête du locataire, doit être signifié au propriétaire, ou, s'il est absent, à son fondé de pouvoir ou à celui qui est chargé de l'administration de ses biens.

Si le propriétaire est décédé, c'est à ses héritiers ou à celui qui est chargé d'administrer les biens de la succession qu'il doit être signifié.

Il n'est pas nécessaire que le congé contienne assignation pour en voir prononcer la validité et ordonner l'expulsion du locataire. Ce n'est que dans le cas où le bailleur prévoit l'opposition du locataire, à la fin du bail, qu'il doit former cette demande. Le plus souvent, elle a lieu à l'occasion d'une demande en paiement de loyers (Pigeau, t. II, pag. 417). De son côté, si le locataire trouve que le congé est irrégulier ou donné hors de terme, il ne doit pas attendre, pour le proposer, que le terme échoie, parce qu'il pourrait mettre dans l'embarras le propriétaire ou principal locataire qui aurait pu louer les lieux à un autre : son silence pourrait être regardé ou comme une approbation du congé, ou comme un dessein de nuire (Rolland de Villargues.)

Si le congé a été donné contrairement aux délais d'usage (par exemple à trois mois au lieu de six mois), ce congé n'est pas nul ; il vaut au contraire, mais seulement pour l'époque pour laquelle il aurait dû être régulièrement donné (Paris, 4e Ch. 4 avril 1850 ; *Droit*, 6 avril 1850 ; *Gaz des Trib.*, 14 mai 1580.)

Lorsqu'une erreur de date s'est glissée dans un congé, donné en temps utile, par exemple pour le mois de janvier au lieu du mois d'octobre, ce congé peut être déclaré bon et valable (Trib. de la Seine, 4ᵉ Ch., 4 déc. 1858 ; *Droit*, 13 déc. 1858.)

Lorsque, pendant des contestations entre le propriétaire et le locataire, le délai fixé pour le congé vient à expirer, le juge peut d'office en prolonger la durée et déclarer le congé donné pour tel terme valable pour tel autre (Cass., 23 fév. 1814.)

Le congé est passible, pour son enregistrement, du droit fixe de 3 francs, lorsqu'il est fait par acte notarié ou sous seing privé (Loi du 22 frimaire an VII, art. 51 et 58). Il est soumis au droit de 2 francs, quand il a lieu par exploit d'huissier (Loi du 28 avril 1816, art. 43). — Si le congé, convenu à l'amiable, fait cesser la jouissance avant l'époque fixée par le bail, il produit l'effet d'une rétrocession ; le droit proportionnel est dû sur les années restant à courir.

Voyez : *Effets du congé.*

Le congé donné par le bailleur au preneur, est valable, quelle qu'en soit la forme, par cela seul qu'il est incontestablement parvenu en temps utile aux mains ou à la connaissance de ce preneur (C. Nap. 1713, 1736 ; C. pr. 66).

Ainsi lorsque le congé est donné par exploit d'huissier, la nullité de l'exploit, notamment, pour incapacité de l'huissier, laisse tout son effet au congé dont la remise au preneur est constante et, par exemple, résulte de l'aveu même de ce dernier.

(Cassation, 3 mai 1863.)

Fours, forges et foyers. — Toutes les fois qu'un locataire se propose d'occuper les lieux loués autrement que pour son habitation ordinaire, il ne manque pas d'indiquer, dans le bail, quelle profession il entend y exercer, et il est de son intérêt de faire cette indication, car aux termes de l'article 1729, si le preneur emploie la chose louée à un autre usage que celui auquel elle a été destinée, le bailleur peut faire résilier le bail.

Cette indication entraîne pour le propriétaire, s'il l'accepte sans faire de réserve, l'obligation de mettre la chose louée en état de servir à l'usage pour lequel elle a été louée (art. 1719), et quand il s'agit de professions soumises à des précautions particulières de sécurité, l'obligation, par conséquent, de faire les travaux prescrits par les règlements pour qu'elles puissent être exercées avec le moins de chances de danger possible pour le locataire industriel lui-même et pour les voisins.

C'est ainsi qu'à Paris, particulièrement, la Préfecture de police réglemente l'établissement des fours, forges, foyers d'usine à feu, fours de boulangers et de pâtissiers, ateliers de charrons, carrossiers, menuisiers, etc. ; par des ordonnances dont la dernière, qui annule toutes les précédentes, en date du 15 septembre 1875, contient à cet égard les dispositions suivantes :

Art. 14. — Les fours, les forges et les foyers d'usines à feu, non compris dans la nomenclature des établissements classés, lesquels sont soumis à des règlements spéciaux, ne pourront être établis dans l'intérieur de Paris, sans une déclaration préalable à la Préfecture de police.

Le sol, le plafond et les parois des locaux où ils sont construits ne pourront être en bois apparent.

« Art. 15. – L'exploitation des fournils et fours de boulangers et de pâtissiers est soumise aux prescriptions suivantes :

1° Les fournils devront être indépendants des locations et habitations voisines et en être séparés par des murs en moellons ou en brique d'une épaisseur suffisante.

Les locaux où ils seront intallés seront d'un accès facile.

2° Les fours seront isolés de toute construction et leurs tuyaux disposés ou construits comme il est dit en l'article 7 (1) ;

3° Le bois de provision, etc.....

4° Le bois destiné à la consommation du jour, etc...

5° Les escaliers desservant les fournils seront en matériaux incombustibles ;

6° Les soupentes et resserres et toutes autres constructions établies dans les fournils, ainsi que les supports en pannetons, les étouffoirs et les coffres à braise, seront en matériaux incombustibles ;

(1) Tout conduit de fumée de foyer industriel doit, autant que possible, être à l'extérieur, dans le cas contraire il est soumis à des conditions particulières de dimension et de solidité.

7° Les pétrins et les couches à pain seront révêtus extérieurement de tôle, quand ils se trouveront placés à moins de deux mètres de la bouche du four. Dans le même cas, les glissoires à farine seront construites en métal, avec fourreau en peau ;

8° Les tuyaux à gaz, dans les fournils, devront être en fer ou en cuivre et non en plomb ;

« Art. 16. — Les forges doivent être construites suivant les lois et coutumes. Elles doivent, dé plus, être sous une hotte. Leur tuyau doit être disposé et construit comme il est dit à l'article 7.

Les charrons, carrossiers, menuisiers et autres ouvriers qui travaillent le bois et le fer sont tenus, s'ils exercent les deux professions dans la même maison, d'y avoir deux ateliers entièrement séparés par un mur, à moins que, entre la forge et l'endroit où l'on travaille ou dépose les bois, il n'y ait une distance de dix mètres au moins.

« Art. 17. — Dans tous les ateliers où il y aura des fours, dit Sorbonne, ces fours seront établis sous des hottes en matériaux incombustibles.

L'âtre sera entouré d'un mur en briques de vingt-cinq centimètres de hauteur au-dessus du foyer, et ce foyer sera disposé de manière à être clos pendant l'absence des ouvriers, par une fermeture en tôle.

. . . .

Les dispositions de cette ordonnance, qui a été rendue dans le but de diminuer les chances d'incendie, ne sont pas les seules à observer pour l'installation des industries ; elles ne s'appliquent pas aux industries classées, qui font l'objet d'une réglementation particulière ; il faut remarquer, également, qu'elles doivent être observées aussi bien par le locataire que par le propriétaire de l'immeuble.

A cet égard, on peut dire d'une manière générale que la charge, et par suite, la responsabilité des précautions à prendre pour l'installation des fours et appareils servant aux manipulations que comporte la profession ou l'industrie réglementée pèsent exclusivement sur le locataire qui fait ordinairement les frais de cette installation et qui la fait exécuter par les ouvriers de son choix ; et que le propriétaire n'a qu'à surveiller et à modifier, s'il y a lieu, les conduits de fumée établis pour l'habitation bourgeoise et dont la location industrielle doit modifier la destination primitive en augmentant leurs chances d'incendie ; toutes réserves faites, bien entendu, pour le cas où le propriétaire de l'immeuble, étant également possesseur des appareils, les aurait compris nommément dans le bail.

S'il arrive donc un incendie par défaut d'appropriation des cheminées et conduits de fumée à l'industrie du locataire, le propriétaire sera, en principe, responsable des dommages causés par cet incendie à son locataire et aux autres locataires et propriétaires voisins.

En vain objecterait-on que l'architecte ou le délégué de la Préfecture de police a donné, après examen des lieux, l'autorisation d'exploiter l'industrie du locataire, et que ce dernier a négligé de demander les travaux exceptionnels exigés par sa profession ; l'autorisation de la Préfecture de police n'entraîne aucun brevet de garantie pour le propriétaire pas plus que pour le locataire, et ce dernier n'a le devoir et le droit de s'occuper que des appareils dont il fait usage et dont l'installation est ordinairement laissée à ses soins.

C'est ainsi, d'ailleurs, qu'il a été jugé par un arrêt de la Cour d'appel de Paris dans les circonstances suivantes, sur la demande formée par un pâtissier contre le principal locataire qui lui avait consenti sa location :

M. Corasier est propriétaire d'une maison, boulevard de Sébastopol, dont les époux Lefebvre, marchands de vin, sont principaux locataires.

Ceux-ci ont sous-loué une boutique et dépendances de cette maison à M. Strubbe, pâtissier, qui y a établi un four propre à l'exercice de sa profession.

Mais la cheminée dans laquelle débouchait ce four avait été construite dans les conditions propres à une habitation bourgeoise, qui ne comportait pas les dimensions et la solidité qu'exige un four de pâtissier, de sorte que les tuyaux de cette cheminée et leur agencement ne peuvent supporter le degré et la durée de chaleur que demande un four de pâtissier.

Un incendie se manifesta dans les lieux loués au sieur Strubbe, qui en éprouva un dommage dont il a demandé la réparation aux époux Lefebvre, principaux locataires. Ceux-ci ont appelé en garantie M. Corasier, le propriétaire.

Et sur ces deux demandes, jugement du Tribunal civil de la Seine ainsi conçu :

« Le Tribunal,

« Attendu qu'il résulte du rapport de l'expert commis par le Tribunal, que l'incendie dont il s'agit n'est pas dû au défaut de ramonage de la cheminée, mais bien à une nature et à un agencement de tuyaux suffisants pour les usages habituels d'une maison bourgeoise, mais tout à fait impropres à desservir un four de pâtissier.

« Attendu par conséquent que Strubbe n'a aucune faute à se reprocher ;

« Que s'il est vrai que la construction du four ait été mise à sa charge par son bail, il n'était nullement chargé, et n'aurait pas même eu le droit de refaire les tuyaux de cheminées ;

« Qu'il a dû penser que les époux Lefebvre, en lui louant pour les besoins de son état la cheminée dont il s'agit, lui donnaient une cheminée dans des conditions convenables de solidité eu égard à sa destination ;

« Attendu que, par suite de l'incendie, Strubbe a éprouvé plusieurs dommages dont le Tribunal peut, en raison des documents qui lui sont produits, apprécier dès à présent l'importance ;

« En ce qui touche Corasier :

« Attendu que ce n'est pas lui qui a loué à Strubbe, et qu'il ne peut être responsable d'un accident dû à l'emploi d'un tuyau de cheminée à un usage autre que celui auquel il était destiné ;

« En ce qui concerne les époux Lefebvre :

« Attendu qu'ils ont eu le tort d'affecter la cheminée à un usage pour lequel elle n'avait pas été construite ; que c'était à eux de signaler son état à Strubbe et de faire par eux-mêmes ou de faire faire par leur locataire les travaux d'appropriation nécessaire ; qu'ils doivent par conséquent supporter seuls l'indemnité due à Strubbe, ainsi que les frais qu'entraînent les travaux de réparation et d'appropriation exécutés par l'expert ;

« Par ces motifs,

« Condamne solidairement les époux Lefebvre à payer à Strubbe à titre de dommages-intérêts de toute nature, une somme de 2,500 fr., et, en outre, à supporter tous les frais des travaux de réparation et d'appropriation exécutés sous la direction de l'expert Ménard ;

« Déclare les époux Lefebvre mal fondés dans leur demande en garantie contre Corasier, les en déboute. »

Les époux Lefebvre avaient interjeté appel de ce jugement.

Me DUTARD, leur avocat, faisait observer que le bail que leur avait fait M. Corasier, de la maison, leur laissait la faculté de sous-louer à toutes personnes, à l'exception des gens à forge et à marteaux et à des blanchisseuses : que conséquemment ils avaient eu le droit de sous-louer à un pâtissier; — qu'il avait laissé au sieur Strubbe, son sous-locataire, la charge d'établir à ses frais le four dont il avait besoin pour l'exercice de sa profession; que celui-ci aurait dû s'assurer de la nature de la construction de la cheminée à laquelle devait communiquer le four qu'il devait établir ; que ne l'ayant pas fait, il devait répondre de son imprudence ; qu'il n'avait dès lors aucun recours légitime ni légal contre les époux Lefebvre ; — qu'au surplus, et dans tous les cas, M. Corasier devait être condamné à les garantir et indemniser puisque ce serait à la mauvaise construction de la cheminée, constatée par l'expert, que devrait être attribué l'incendie.

Me BERLIN, avocat de Srubbe, répondait, avec les premiers juges, que son client avait été seulement chargé de l'établissement du four, mais qu'il n'avait pas eu à s'enquérir de l'état de la cheminée, à laquelle il n'aurait pas eu le droit de faire des modifications.

Me MEUNIER, pour le sieur Corasier, faisait observer que l'expert n'avait pas déclaré que la cheminée fût d'une mauvaise construction d'une manière absolue, mais seulement relativement à l'usage auquel on l'avait destinée, usage pour lequel elle n'avait pas été construite ; que conséquemment M. Corasier ne pouvait être responsable de l'incendie dû à l'imprudence des époux Lefebvre, et peut-être aussi à celle du sieur Strubbe, qui auraient dû s'assurer, les uns et les autres, si la cheminée était dans des conditions convenables pour l'usage d'un four de pâtissier.

La Cour, adoptant les motifs des premiers juges, confirme.

(Cour d'appel de Paris, 3e Chambre, 20 novembre 1862.)

Fraude commise par abonné aux eaux d'une ville. — Lorsque l'abonné de la Compagnie des Eaux, par un moyen frauduleux, notamment en substituant dans l'appareil de distribution d'eau établi chez lui une clef de robinet de jauge non réglementaire, avec la complicité du fontainier, reçoit une plus grande quantité d'eau que celle stipulée à la police d'abonnement, cette fraude constitue non une simple violation frauduleuse de la convention en vertu de laquelle l'eau a été reçue, mais une véritable *soustraction* tombant sous le coup de l'article 379 du Code pénal.

Cette soustraction porte sur l'eau elle-même, qui, bien que chose commune de sa nature, est devenue la propriété de la Compagnie par l'effet de la concession qui lui en a été faite et non sur l'usage de l'eau. La convention par laquelle la Compagnie s'engage à distribuer à l'abonné une certaine quantité d'eau moyennant un prix déterminé a, en effet, le caractère d'un marché de fournitures ayant directement l'eau pour objet et non pas d'un louage de services. (Conf. en ce sens. Req. 26 nov. 1823. D. 74, 1, 217, et civ. cass., 22 nov. 1880. D., 81, 1, 169).

Ainsi jugé, le 10 décembre 1887, par la Chambre criminelle de la Cour de cassation, par le rejet du pourvoi de M. D..., contre un arrêt de la Cour d'appel de Paris, du 26 juillet 1887.

M. SALLANTIN, cons. rapp.; M. LOUBERS, av. gén. (concl. conf.); Me TREZEL, avocat.

Fumée. — Voyez : *Fumivorité.*

Fumivorité. — Le propriétaire doit livrer à son locataire des cheminées dont le tirage soit habituellement parfait, au moyen de ventouses, et qui ne répandent pas de fumée dans les appartements.

De leur côté, l'entrepreneur de fumisterie qui rétrécit une cheminée et l'architecte qui commande le travail, le surveille, et qui a disposé dans ses détails de construction l'emplacement et la section des tuyaux de fumée, doivent garantir au propriétaire ce que celui-ci doit au locataire, c'est-à-dire le tirage et l'absorption entière de la fumée par le tuyau.

Sur dix cheminées établies, il y en a neuf qui fument dans l'appartement.

C'est là un vice de construction imputable, le plus souvent, à la trop petite section des tuyaux, à leur mauvaise disposition, à leurs joints défectueux, à l'absence de ceintures, au vide existant sur partie du mur dossier et sur les côtés des tuyaux, à l'obstruction plus ou moins forte d'un tuyau par des immondices, etc., etc,. ainsi que cela va résulter des explications ci-après :

On emploie, pour le départ des fumées, des tuyaux de différentes sortes et de sections diverses, dont le choix dépend beaucoup plus, en général, des usages établis que des conditions régulières d'un bon fonctionnement.

Il ne suffit pas, en effet, de connaître les dimensions d'une pièce pour déterminer la section du tuyau de cheminée s'y rapportant. Il faudrait aussi tenir compte de la hauteur que l'on peut donner à ce tuyau et de la nature du combustible qu'on se propose d'employer. Notre correspondant ne s'occupe que d'un point : empêcher les cheminées de fumer.

Nous ne pouvons ici, en quelques lignes, répondre à toutes les questions que sa demande soulève. Nous lui fournirons seulement quelques données pratiques qui, nous l'espérons, lui seront suffisantes.

Les tuyaux en poterie sont, ou logés dans l'épaisseur des murs, et il convient alors qu'ils soient élevés en wagons ; ou adossés aux murs, et, dans ce cas, ce sont ordinairement des boisseaux Gourlier.

L'emploi des wagons ne tient pas compte du cube des pièces à chauffer, mais seulement de l'épaisseur des murs dans la construction desquels ils doivent entrer. Le mur étant de 0ᵐ50 ou de 0ᵐ40, on met en œuvre des wagons pour mur de 0ᵐ50 ou de 0ᵐ40, etc., sans s'occuper des pièces qu'ils doivent desservir.

L'emploi des tuyaux Gourlier (rectangulaires) se prête à

des dispositions plus judicieuses, mais ordinairement on adopte, pour former les souches, la section du tuyau correspondant à la dimension suffisante par la plus grande des pièces à desservir, soit, le plus ordinairement, de $0^{m}25$ sur $0^{m}22$, dans nos habitations parisiennes, ce qui répond, comme l'indique le tableau ci-contre n° 1, à une capacité de 80 à 100 mètres. Le tableau n° 2 se rapporte à l'emploi des wagons, et le tableau n° 3 à des tuyaux construits en briques ou autrement et desservant des pièces d'une capacité supérieure à 100 mètres.

Mais, pour empêcher les cheminées de fumer, il ne suffit pas que leurs tuyaux soient d'une section convenable, il faut surtout, et c'est là un point capital, que les cheminées soient pourvues de ventouses.

A l'égard des responsabilités encourues, il y aura vice du plan, à la charge exclusive de l'architecte, chaque fois que le vice aura pour cause un mauvais groupement des tuyaux, une trop petite section ou l'absence de prise suffisante d'air au dehors.

Au contraire, il y aura vice de construction, à la charge de l'entrepreneur, chaque fois qu'il y aura tuyaux fendus, cassés, mal jointoyés, posés sur le vide, avec interstices entre tuyaux mal garnis, obstruction de tuyaux par immondices, etc., etc.

Les architectes et entrepreneurs n'apportent jamais trop d'étude et de soins dans la disposition et la construction des tuyaux de fumée qui peuvent occasionner, en cas de vices, ou malfaçons, un danger permanent d'incendie, une gêne constante rendant l'habitation impossible, etc., etc.

En cas d'incendie, causé par un vice de construction ou un vice du plan des tuyaux de fumée, les compagnies d'assurance ne manquent jamais d'exercer un recours en garantie contre l'architecte et les entrepreneurs. Reportez-vous à notre ouvrage sur la « *Responsabilité des architectes et entrepreneurs*, suppléments nos 4, 5 et 6.

G

Garantie des vices et défauts de la chose louée. — Le chapitre IV du tome premier de notre ouvrage sur les « *Locations* » contient l'étude complète des questions suivantes :

Pour éviter les redites, nous renvoyons le lecteur à ce chapitre IV du premier volume.

1° Principes généraux. — Sens juridique des expressions légales « *vices* et *défauts* de la chose louée ». — Distinction à établir entre le *non entretien* et les *vices* ou *défauts* de la chose louée.

2° Le propriétaire est-il responsable du dommage causé aux lieux loués par les rats et souris ?

3° Le propriétaire est-il responsable du dommage causé aux lieux loués par des infiltrations d'eau ?

4° Le propriétaire est-il responsable du dommage causé aux lieux loués par l'humidité provenant de :

1° Réservoirs et conduites d'eau ?

2° Terre-pleins ?

3° Cours d'eau au pied des murs ?

4° Fraîcheur dans les soubassements ?

5° Infiltrations dans les façades ?

6° La rupture d'un égout ?

5° Le propriétaire doit-il garantie au locataire pour :

1° Une écurie infectée de la morve ?

2° Puits dont l'eau est corrompue ?

6° Le propriétaire doit-il garantir le locataire contre l'inconvénient résultant de cheminées qui fument ?

7° Le propriétaire est-il responsable des *inconvénients inhérents* au quartier dans lequel l'immeuble loué est situé ?

8° Le propriétaire est-il responsable du dommage causé aux lieux loués par la vétusté ?

9° Le propriétaire est-il responsable des inconvénients résultant d'un exhaussement de la maison voisine ?

10° La garantie s'applique-t-elle aussi bien aux vices connus qu'aux vices ignorés ?

11° La garantie s'applique-t-elle aux vices existant au moment de la location, ou à ceux survenus depuis ?

Quid pour des travaux érigés par le locataire après l'entrée en jouissance ?

12° Le bailleur est-il responsable des vices *apparents* au moment de la prise de possession ?

L'humidité existant au moment du bail peut-elle être considérée comme un vice apparent dont le bailleur ne répond pas ?

Quid, si l'humidité présente une grande incommodité et un danger pour la santé ?

Quelle est la situation d'un locataire qui ne se plaint qu'après plusieurs mois de jouissance ?

13° Le bailleur peut-il, par une clause spéciale, s'affranchir de la garantie des vices *cachés ?*

14° Au cas de non existence d'une clause de garantie pour vice *caché* de la part du bailleur, ou au cas de nullité d'une telle clause pour dol ou autre cause : dans cette double hypothèse, s'il convient de faire des réparations, le locataire a-t-il droit d'être indemnisé, quand bien même il se serait engagé à souffrir les grosses réparations ?

Garantie du paiement des loyers. — La clause de garantie du paiement des loyers, stipulée dans le plus grand nombre des baux, pour ne pas dire dans tous, consiste à exiger que le locataire garnisse les lieux loués d'objets et effets mobiliers de valeur suffisante pour répondre du paiement des loyers.

Toute infraction à cette clause donne le droit au propriétaire de demander en justice, si bon lui semble, la résiliation du bail avec dommages-intérêts contre le locataire.

On s'est souvent demandé si, en cas de cession du bail, — par exemple pour une durée moins longue que le bail originaire, — le titulaire de cette cession pouvait, à l'expiration de son traité avec le locataire, enlever les meubles et objets par lui apportés, sans prendre soin des obligations imposées par le propriétaire à son locataire originaire ; ou bien, au contraire, si, en ce cas, le propriétaire, bien qu'étranger à la cession de bail, n'avait pas le droit de s'opposer à l'enlèvement des meubles garnissant le local loué sans avoir à se préoccuper de la question de propriété de ces meubles, et ce, en vertu de ce principe général, que les meubles et objets mobiliers garnissant les lieux loués sont le gage du propriétaire?

Cette question fort intéressante, et toute nouvelle, vient d'être tranchée dans le sens de la seconde hypothèse, au profit du propriétaire contre le cessionnaire du bail, par la 1re Chambre du Tribunal civil de la Seine, le 6 avril 1886.

Par ce jugement, le Tribunal admet en principe :

1° Que le propriétaire a le droit d'exiger que les lieux loués demeurent constamment garnis pendant toute la durée du bail d'effets mobiliers, en suffisante quantité pour garantir le paiement des loyers échus ou à échoir;

2° Que la faculté de sous-louer ne peut préjudicier en aucune façon à ses droits;

3° Qu'il ne saurait souffrir, dans ses intérêts, d'un pacte tenu secret, dérogatoire au bail, ou d'une collusion entre le preneur originaire et le sous-locataire ;

4° Que le mobilier meublant du sous-locataire demeure le gage du propriétaire, qui peut s'opposer à l'enlèvement dudit mobilier jusqu'à l'expiration de la location, sauf au sous-locataire, s'il y a lieu, à recourir comme bon lui semblera contre qui de droit.

Les circonstances de fait de l'affaire soumise à l'appréciation du Tribunal résultent suffisamment du jugement rendu dont la teneur suit :

« Le Tribunal,

« Attendu que par acte sous seings privés en date du 29 janvier 1880, enregistré, Peredmère, alors propriétaire d'une maison sise à Paris, rue des Pyramides, n° 21, appartenant actuellement à la dame de Montgermont, a donné à bail à la Société fermière des mines de Quercy le premier étage de ladite maison pour une durée de dix années;

« Attendu que, par acte sous seing privé en date du 8 janvier 1883, enregistré, la Société civile des mines de Quercy a cédé son bail à

MM. Abel Rey, frères, avec toutes ses charges, clauses et conditions insérées audit bail, mais avec faculté toutefois pour les cessionnaires de faire cesser la location à leur gré le 1er avril 1886 ;

« Attendu que Rey frères, entendant user de la faculté qu'ils s'étaient ainsi réservée, concluent à ce que la dame Montgermont soit tenue de les laisser déménager et quitter les lieux le 15 avril prochain ;

« Mais, attendu qu'en vertu du bail sus-énoncé, le preneur était tenu de convention expresse, de garnir les lieux loués et de les tenir garnis de meubles et objets mobiliers en suffisante quantité pour répondre du paiement des loyers ;

« Attendu qu'aux termes de l'article 2112 du Code civil, tout ce qui garnit la maison louée est affecté par privilège à la garantie des loyers échus et à échoir et de tout ce qui concerne l'exécution du bail ;

« Attendu que Rey frères, cessionnaires du bail, sont aux lieu et place de la Société civile des mines de Quercy, et que, subrogés dans tous ses droits et actions contre le bailleur, ils sont certainement tenus de toutes les obligations qui incombent au preneur originaire ;

« Attendu que le bailleur en vertu tant du droit commun que des clauses et conditions du bail, a le droit d'exiger que les lieux sous-loués demeurent constamment garnis, pendant toute la durée du bail, d'effets mobiliers en suffisante quantité pour garantir le paiement des loyers échus et à écheoir ; que les conventions particulières et dérogations au bail intervenant sans son concours, entre le preneur originaire et le sous-locataire, ne peuvent préjudicier à ses droits ;

« Attendu que Rey frères, informés de la durée du bail dont ils devenaient cessionnaires, n'ignoraient pas que le mobilier qu'ils introduisaient dans les lieux loués était affecté à la garantie de l'exécution du bail dans les termes de l'article 2102 du Code civil ;

« Qu'il leur appartient, en conséquence, s'ils entendent user de la faculté qu'ils s'étaient éventuellement réservée de faire cesser leur jouissance d'une époque autre que celle énoncée au bail cédé, de se concerter avec leur cédant pour que celui-ci tienne les lieux loués garnis de meubles, dans les termes du bail ;

« Attendu que Rey frères émettent, au contraire, la prétention de laisser les lieux complètement dégarnis d'effets mobiliers ;

« Que Gautron, au nom et comme administrateur de la Société des mines de Quercy déclare simplement s'en rapporter à justice et n'offre au bailleur ni de reprendre possession de l'appartement ni d'y introduire un nouveau sous-locataire, ni de substituer une autre garantie à celle résultant de la présence d'effets mobiliers garnissant les lieux loués ;

« Que, dans ces circonstances, c'est à bon droit que la dame de Mouty s'oppose à l'enlèvement d'un mobilier qui est engagé pour l'exécution du bail jusqu'à l'expiration de la location;

« PAR CES MOTIFS,

« Déclare Rey frères mal fondés dans leur demande, les en déboute, donne acte à Goutron ès qualité de ce qu'il s'en rapporte à justice, condamne Rey frères en tous les dépens. »

Ce jugement contient un enseignement pour les sous-locataires, et, disons-le, un enseignement fort juste. En effet, quand le cessionnaire du bail a contracté, il a pris les lieu et place du locataire primitif; Dès lors, il ne pouvait ignorer, à ce moment, qu'aux termes de la loi, les meubles et objets garnissant les lieux loués, — sans qu'il soit besoin de se préoccuper qui en est propriétaire, — forment le gage du propriétaire. De plus, le cessionnaire a dû voir qu'il était stipulé dans le bail à lui cédé l'obligation de tenir les lieux loués de meubles d'une valeur suffisante pour garantir le paiement du loyer. Dans cette situation, lorsqu'il a substitué au mobilier du locataire originaire ses meubles à lui, il ne pouvait avoir le plus léger doute sur l'affectation légale et conventionnelle des meubles et objets par lui introduits. Le propriétaire, étant étranger à la cession, pouvait croire qu'il y avait un simple remaniement du mobilier de la part du locataire primitif. Le sous-locataire a donc été fort imprudent en laissant déménager le locataire originaire. Il devait, à ce moment, exiger de lui un cautionnement ou une garantie suffisantes pour assurer le paiement des loyers pour les années restant à courir après l'extinction de la sous-location. Convient-il, parce que le sous-locataire a commis une faute, d'en rendre responsable le propriétaire qui ignorait ou pouvait ignorer la cession? Poser la question, c'est la résoudre dans le sens admis par le Tribunal de la Seine.

Voyez : *Mobilier suffisant, etc., etc.* — *Loyers d'avance.*

Garnir les lieux loués de meubles suffisants, etc. — Voyez : *Mobilier suffisant, etc.*

Garnis. — Voyez : *Appartements meublés.*

Genre de commerce imposé dans le bail. — Lorsqu'un bail spécifie expressément le genre exclusif de commerce du preneur, dans l'espèce celui de marchand de vin au détail, et lui interdit toute autre profession, le preneur ne peut se livrer, par exemple, à la vente des huîtres, en prétendant qu'il ne s'agit que d'un accessoire d'usage.

La preuve testimoniale n'est pas admise à l'encontre des clauses formelles d'un bail.

Ainsi jugé par la 5e Chambre du Tribunal civil de la Seine, le 21 juin 1887, dans les circonstances de fait ci-après :

Le 10 janvier 1885, les consorts Boulnois ont donné à bail, à M. Guillard, pour quinze ans, et moyennant le prix de 850 fr. par an, une boutique et ses dépendances, 28, rue Durantin, à Paris.

Il était dit notamment au bail que le preneur ne pourrait exercer d'autre profession que celle de marchand de vins au détail. Néanmoins, et malgré ses propriétaires, M. Guillard a voulu adjoindre à son débit celui de la vente des huîtres, prétendant que c'était un accessoire d'usage pour les marchands de vins.

Sur l'assignation des propriétaires, demandant que le locataire soit tenu de se renfermer dans les termes mêmes du bail, et sur les plaidoiries de Me Guiraud, pour les consorts Boulnois, et de Me Barroux, pour M. Guillard, le Tribunal a rendu le jugement dont la teneur suit :

« Le Tribunal,

« Attendu que le bail sous seings privés, en date du 10 janvier 1885, enregistré, consenti par les consorts Boulnois à Guillard, interdit au preneur l'exercice de toute autre profession que celle de marchand de vins au détail ;

« Que Guillard reconnaît qu'il a adjoint, comme accessoire d'usage à ce commerce, celui de la vente des huîtres ; qu'il prétend y avoir été autorisé par ses bailleurs, dès avant le bail et qu'il offre d'en faire la preuve ;

« Attendu que le bail, en spécifiant le genre exclusif de commerce que le preneur devait exploiter, lui a interdit toute autre profession ;

« Qu'en conséquence, Guillard ne peut exercer le commerce des huîtres, lequel n'a aucun caractère commun avec son débit de vins au détail ;

« Que la tolérance que les bailleurs lui ont accordée, ne lui a conféré aucun droit contraire à son bail, dont les consorts Boulnois sont fondés à faire respecter l'existence ;

« Attendu que l'articulation produite par Guillard, ne s'applique qu'à des faits, ou reconnus ou antérieurs au bail ; que la preuve n'en est pas admissible, en ce qu'elle tendrait à modifier un acte formel qui ne laisse place à aucune interprétation ;

« Attendu que l'exécution provisoire du jugement est demandée, en dehors des cas prévus par l'article 195 du Code de procédure ;

« Par ces motifs,

« Dit et ordonne que dans la quinzaine de la signification du présent jugement Guillard sera tenu de cesser le commerce de la vente des huîtres ;

« Le condamne, dès à présent, à payer aux demandeurs une somme de 10 fr. par chaque contravention constatée, et ce, pendant un mois, passé lequel délai il sera fait droit. Déclare Guillard mal fondé dans la demande de preuve testimoniale ; dit qu'il n'échet d'ordonner l'exécution provisoire et condamne Guillard aux dépens. »

Glaces d'un appartement. — Aux termes de l'article 525 du Code civil, le propriétaire est censé avoir attaché à son fonds des objets mobiliers à perpétuelle demeure, quand ils y sont scellés en plâtre ou à chaux ou à ciment, ou lorsqu'ils ne peuvent être détachés sans être fracturés et détériorés, ou sans briser ni détériorer la partie du fonds à laquelle ils sont attachés.

Les glaces d'un appartement sont censées mises à perpétuelle demeure, lorsque le parquet sur lequel elles sont attachées fait corps avec la boiserie.

Il en est de même des tableaux et autres ornements.

Quant aux statues, elles sont immeubles lorsqu'elles sont placées dans une niche pratiquée exprès pour les recevoir, encore qu'elles puisssent être enlevées sans fracture ou détérioration.

Voyez : *Immeubles par destination.*

Grosses réparations à un immeuble. — Aux termes de l'article 606 du Code civil, les grosses réparations sont celles des gros murs et des voûtes, le rétablissement des poutres et des couvertures entières;

Celui des digues et des murs de soutènement et de clôture aussi en entier.

Toutes les autres réparations sont d'entretien.

Par ces expressions « *gros murs* » le législateur a entendu comprendre tous les points d'appui, piles, ou corbeaux en maçonnerie de pierre de taille ou autres, les colonnes en fonte, les poitrails en fer ou en bois, les linteaux en fer ou en bois, tous les pans de bois de refend ou ceux formant façades sur rue et cour, les noyaux d'échiffre d'escalier, les paliers d'escalier, les reprises en sous-œuvre pour fondations insuffisantes, les souches de cheminées dans et hors combles.

Le mot « *poutres* » comprend les poutrelles, les chevêtres, enchevêtrures, solives, planchers, faîtages, pannes, ferme de combles, entraits, sablières, etc., etc. (Lyon, 10 fév. 1827.)

Par « *couvertures entières* » il faut comprendre les brèches importantes se manifestant dans la couverture, par suite d'un affaissement du comble ou de la construction, ou les brèches causées par un cas fortuit quelconque. Que la couverture soit en zinc, ardoises, tuiles, pailles ou autrement, ces principes sont les mêmes.

Les grosses réparations s'appliquent aussi bien aux bâtiments principaux qu'aux diverses dépendances en formant l'accessoire : usines, hangars, moulins à eau, etc., etc.

L'article 1724 du Code civil, qui, dans le cas où la chose louée a besoin de réparations urgentes qui ne peuvent être différées jusqu'à la fin du bail, oblige le preneur à les souffrir, quelque incommodité qu'elles lui causent, n'est pas applicable aux travaux exécutés par le voisin en vertu d'une servitude légale ou conventionnelle ou de tout autre droit, tels que la reconstruction du mur mitoyen.... Si ces travaux sont de nature à troubler gravement, et pour longtemps, la jouissance du locataire, il a droit de demander la résiliation du bail.

(Cour de Paris, 14 août 1862.)

Pour la démolition et la reconstruction d'un mur mitoyen,

reportez-vous à notre traité spécial sur les « *Murs mitoyens.* »

Pour le surplus, reportez-vous aux alinéas nos 102 et suivants du premier volume des « *Locations* ».

Grosses réparations à un immeuble donné à location, avec clause d'affranchissement de ces réparations en faveur du bailleur. — Les obligations que font peser sur le bailleur les articles 1719 et 1720 du Code civil, en lui imposant la double obligation de délivrer la chose louée en bon état et de l'entretenir pendant la durée du bail, sont de la nature du contrat du bail, mais ne sont pas de son essence ; par suite, il est loisible aux contractants d'y déroger, pourvu que ce soit par des dispositions claires, nettes et précises.

La clause qui enlève au locataire le droit d'exiger « *aucunes réparations ni améliorations quelles qu'elles soient* » ne prive point le propriétaire du droit qui lui appartient de faire dans son immeuble les travaux que lui-même peut juger convenables ; seulement, le locataire ne saurait l'y contraindre, et il ne peut prétendre que des réparations ainsi faites par le bailleur de son plein gré, de par sa seule volonté, dérogent à la clause exceptionnelle dont s'agit et ont pour effet de replacer les parties sous l'empire du droit commun.

Ainsi jugé par la 1re Chambre de la Cour de Nancy à la date du 14 mars 1887.

H

Habitation bourgeoise. — Voyez : *Bourgeoisement.* — *Usage des lieux loués.*

Humidité des lieux loués. — Le bailleur ne doit pas au preneur la garantie des vices apparents dont ce dernier a connu ou pu connaître l'existence, notamment des inconvénients qu'amène l'humidité (Art. 1721 du Code civil.)

Ainsi jugé par la 2e Chambre de la Cour de Paris, le 5 juillet 1882, sur appel du jugement ci-après faisant suffisamment connaître les circonstances de l'affaire :

« Le Tribunal,

« Attendu que la veuve Gueudelach demande la résiliation du bail que lui a consenti Jeambin, le 30 mars 1878, d'une propriété à Asnières (Seine), rue de Bretagne, 2, et 5,000 francs de dommages-intérêts ;

« Attendu qu'il résulte du rapport du 14 avril 1880, de l'expert Duchatelet, que la maison dont s'agit est inhabitable pendant l'hiver par suite de l'humidité ;

« Que Mme veuve Gueudelach justifie, en outre, que ses enfants ont contracté des maladies par suite de l'état malsain que présente la maison ;

« Attendu que dans ces conditions, la veuve Gueudelach est fondée à prétendre dans les termes de l'article 1719 du Code civil, d'une part, que la maison n'est pas en état de servir à l'usage pour lequel elle a été louée, et de l'autre, qu'elle n'y trouve pas la jouissance paisible à laquelle elle a droit, ce qui lui permet de demander la résiliation du bail susvisé ;

« Attendu que Jeambin objecte vainement que la veuve Gueudelach a connu, lorsqu'elle a loué, que la maison était humide, ainsi que l'attestaient les taches existantes sur les murs du rez-de-chaussée, autant que la construction et la situation de la maison ;

« Mais attendu que la veuve Gueudelach n'a pu penser que cet état de choses était d'une nature tellement grave qu'il devait rendre la maison inhabitable, sans quoi elle ne l'eût pas louée ;

« Attendu que Jeambin prétend encore tout aussi vainement que le seul droit de la veuve Gueudelach, si elle veut faire cesser le bail, est d'user de la faculté qui lui est conférée de le résilier, en abandonnant à titre d'indemnité la somme de 2,500 francs montant des six mois de loyers d'avance et en le prévenant quatre mois avant l'échéance du terme trimestriel qu'elle fixerait pour cette résiliation ; qu'il est constant que cette clause est spéciale au cas où la veuve Gueudelach, sans motif légitime et justifié, mais par son seul caprice voudrait cesser d'habiter la maison ; qu'elle restait dans les termes du droit commun, au cas où elle exciperait d'une juste cause de résiliation ;

« Qu'il en résulte qu'elle est fondée à demander la résiliation du bail ;

« Mais attendu que la veuve Gueudelach a à se reprocher d'avoir fait imprudemment la location dont s'agit, laquelle se présentait dans des conditions de nature à attirer tout particulièrement son attention et à faire naître ses craintes quant à l'état de salubrité de la maison et à la convenance d'y venir habiter avec ses enfants à raison des inconvénients graves que devait nécessairement présenter pour leur santé la situation et le mode de construction de ladite maison, alors surtout qu'elle avait l'intention d'y rester pendant l'hiver ;

« Qu'en effet, cette maison est en bordure sur la Seine dont elle n'est séparée que par la berge du quai ; qu'elle est bâtie sur terre-plein sans cave, au ras du sol, dont elle est même en contrebas dans quelques parties ;

« Qu'ainsi située, exposée en outre aux inondations qui suivent les débordements de la Seine, elle devait être très humide, ainsi que l'atteste d'ailleurs l'état des murs, et en avoir les inconvénients sans que toutefois la veuve Gueudelach dût croire qu'ils seraient de nature à la rendre inhabitable ;

« Que la veuve Gueudelach a donc à se reprocher son imprudence d'avoir loué dans ces conditions et que par suite elle est mal fondée à demander des dommages-intérêts ;

« En ce qui touche les dépens :

« Attendu que les parties succombent respectivement dans partie de leurs prétentions ; qu'il y a lieu d'en faire masse et de les faire supporter par moitié ;

« PAR CES MOTIFS,

« Déclare la dame Gueudelach mal fondée dans sa demande en 5,000 francs de dommages-intérêts, l'en déboute et la condamne ;

« Fait masse des dépens y compris les frais de référé et d'expertise, condamne les parties à les supporter par moitié. »

M. Jeambin a interjeté appel. Il soutient que si l'immeuble est humide, ce qui est incontestable, comment ne le serait-il pas ? Il n'est pas inhabitable, lui-même l'a habité avec sa femme et ses enfants de 1873 à 1878, sans que jamais lui ni les siens n'aient éprouvé le moindre inconvénient. Mme Gueudelach a aggravé le mal en ne chauffant pas l'immeuble comme il doit être chauffé ; elle était bien avertie quand elle l'a loué, l'état des murs et des papiers dénotait combien la maison était humide ; et une clause spéciale a laissé à Mme Gueudelach le droit de résilier si elle trouvait que le vice de l'immeuble étant plus grand qu'elle ne le présumait, devenait intolérable.

La Cour, après avoir entendu Me DEVIN, avocat de l'appelant, et Me DEBACQ, avocat de l'intimée, a rendu, sur les conclusions de M. l'avocat général BOUCHEZ, un arrêt ainsi conçu :

« LA COUR,

« Considérant que le bailleur ne doit pas au preneur la garantie des vices apparents dont ce dernier a connu ou pu connaître l'existence, que telle est l'interprétation de l'article 1721 du Code civil consacré par la Jurisprudence ;

« Considérant en fait qu'il résulte des documents de la cause et notamment du rapport de l'expert que l'humidité dont se plaint l'intimée et qui a motivé à son profit la résiliation du bail était suffisamment apparente pour être connue et appréciée par elle au moment où le bail a été conclu ;

« Considérant que c'est en présence de certains dégâts causés par l'humidité que dans le bail du 30 mars 1878, il est stipulé au profit de la locataire : « que les papiers qui ne sont pas en bon état devront être remplacés et les plafonds devront être remis en bon état également » ; que c'est donc ainsi que le constate l'expert, avant toutes réparations que la location a été conclue ;

« Considérant que la locataire ayant pu ainsi se rendre compte de la situation des lieux loués, des conditions de construction de l'habitation qu'elle allait occuper, elle ne peut s'affranchir des obligations qu'elle a contractées par la seule constatation de la gravité des inconvénients qu'elle a pu prévoir ;

« Considérant au surplus que la clause du bail qui lui donne la faculté de résilier moyennant l'abandon au propriétaire des 2,500 francs montant des six premiers mois de loyers d'avance, n'est point étrangère à sa détermination de conclure malgré le vice apparent qu'elle invoque à l'encontre du propriétaire ;

« Par ces motifs,

« Met l'appellation et le jugement dont est appel à néant ; émendant décharge Jeambin des dispositions et condamnations contre lui prononcées, et statuant à nouveau, déclare la veuve Gueudelach mal fondée en sa demande en résiliation de bail, l'en déboute, ordonne la restitution de l'amende et condamne la veuve Gueudelach en tous les dépens de première instance et d'appel. »

Dans le même sens que l'arrêt ci-dessus rapporté, voir Paris, 29 janvier 1849 (Bourbeville), Dalloz, 1849, 5, 272.

D'après un jugement du Tribunal de Lyon, la circonstance que les lieux loués sont tellement humides qu'il serait bien incommode et peut-être dangereux d'y habiter est une cause de résiliation de bail, dans le cas même où le locataire a pu, lors de la visite des lieux, constater l'existence d'indices d'humidité et a consenti à faire des réparations, si d'ailleurs il n'a pu se rendre compte de la gravité de l'inconvénient. (Lyon, 4 mai 1865), Dalloz, 1865, 3, 95.

Dans ce cas c'est la gravité du vice plutôt que le vice lui-même qui était cachée, mais le motif de décider se trouvait dans ce fait qu'il y avait incommodité et peut-être danger, en sorte que le vice empêchait l'usage de la chose ainsi que l'exige l'article 1721 ; c'est précisément ce point qui n'a pas été établi par la locataire dans l'arrêt reproduit.

Voir conforme, Lyon, 6 juin 1873 (Dalloz, 1874, 2, 108). — Troplong, *De l'échange et du louage,* t. II, n° 198 et 235. — Aubry et Rau, *Cours de droit civil,* t. IV, p. 477, § 366, 30.

Le locataire d'une maison, gêné dans sa jouissance par une humidité dont les causes incombent en partie au propriétaire, assigne à bon droit ce dernier en réparation de la totalité du préjudice.

L'article 1725 du Code civil vise le fait imputable en totalité à un tiers, mais non un événement dont le locataire ne peut démêler les origines et dont le propriétaire est obligé de se reconnaître partiellement responsable.

C'est au propriétaire qu'il appartient de mettre en cause le tiers, partiellement responsable à son égard du préjudice causé.

Ainsi jugé, par la 2e Chambre du Tribunal civil de Lyon, le 18 juin 1887, par le jugement suivant, rendu sur les plaidoiries de Mes BUNIER, FLACHAIRE et RÉROLLE, avocats :

« Attendu que Sonthonax, locataire de Raynaud dans un immeuble situé à Lyon, Grande-Côte, 17, se plaignant de l'humidité qui régnait dans la maison louée, a assigné une première fois Raynaud devant le Tribunal des référés, en nomination d'expert pour l'audience du 22 juin 1886, que, sur cette première assignation, Raynaud a appelé en garantie la veuve Paradis, depuis lors décédée et représentée par les consorts Paradis ;

« Attendu que cette assignation ne fut suivie d'aucune ordonnance, des réparations ayant été promises par le propriétaire à Sonthonax, mais que ces réparations n'ayant pas été effectuées, Sonthonax a assigné, en vertu d'une ordonnance du 15 juillet 1886, Raynaud à bref délai devant le Tribunal en résiliation de bail et en paiement de 15,000 francs à titre d'indemnité ;

« Attendu que, sur cette assignation, Raynaud a encore appelé en garantie la veuve Paradis ;

« Attendu qu'au cours de cette instance et par mesure provisoire, Sonthonax a assigné pour la seconde fois Raynaud en nomination d'expert devant le Tribunal des référés, que, sur cette assignation, Raynaud a encore assigné en garantie la veuve Paradis ;

« Attendu que, par ordonnance de référé, en date du 4 septembre 1886, rendue contradictoirement entre toutes les parties, M. Curieux, architecte, a été nommé expert, dispensé du serment, vu l'urgence, à l'effet de vérifier les lieux, de les décrire, de constater l'humidité, s'il y avait lieu, dire à qui incombait la responsabilité, constater la valeur des dégâts causés à la maison Raynaud s'ils existaient ;

« Attendu que l'expert Curieux a déposé son rapport au greffe de ce Tribunal, le 7 novembre 1886, que ce rapport conclut en substance à l'exécution de certains travaux qui y sont décrits et au paiemeut aux mains de Sonthonax d'une somme de 1,000 francs pour tous chefs d'indemnité, que le rapport ajoute que les réparations et l'indemnité doivent être définitivement supportées un cinquième par Raynaud et quatre cinquièmes par les consorts Paradis ;

« Attendu qu'en cet état le rapport a été notifié aux avoués en cause par acte du Palais du 11 décembre 1886, et l'affaire portée à l'audience pour être statué sur l'homologation ;

« Attendu que Sonthonax demande l'homologation pure et simple du rapport ; qu'il demande que Raynaud soit tenu d'effectuer les réparations indiquées et de lui payer 1,000 francs, en plus intérêts de droit et dépens ;

« Attendu que Raynaud déclare être prêt à supporter un cinquième de l'indemnité et des réparations, mais que pour les quatre cinquièmes restants, il oppose à Sonthonax l'article 1725 du Code civil, et soutient qu'il s'agit d'un trouble apporté par des tiers, les consorts Paradis, à la jouissance de Sonthonax, sans prétendre d'ailleurs à aucun droit sur la chose jugée ;

« Mais attendu que l'article 1725 ne saurait trouver ici son application ; que Sonthonax, gêné dans sa jouissance par une humidité dont les causes incombaient en partie à son propriétaire, a, à bon droit, assigné ce dernier en réparation du préjudice qu'il éprouvait, que l'article 1725 vise la voie de fait imputable en totalité à un tiers, non un événement dont le locataire ne peut démêler les origines et dont le propriétaire est obligé de se reconnaître partiellement responsable; que dans ces circonstances Sonthonax ne pouvait être tenu au début de l'instance, pas plus qu'il ne peut y être tenu actuellement, de scinder son action ; qu'il s'agit d'un fait indivisible au regard de Sonthonax et de Raynaud, fait duquel le propriétaire doit être déclaré en totalité responsable, vis-à-vis de son locataire, sauf à statuer à ce qu'il appartiendra sur la garantie à laquelle conclut subsidiairement Raynaud contre les consorts Paradis ;

« Attendu, en ce qui concerne ces derniers, que sans contester le rapport, ils ont fait plaider à la barre qu'ils n'étaient pas régulièrement représentés dans l'instance, n'ayant pas régulièrement constitué avoué, mais attendu que c'est là un moyen purement dilatoire, que Me Guillermain, indiqué comme l'avoué de veuve Paradis dans l'ordonnance de référé du 4 septembre 1886, et dans tous les actes de la procédure, a reçu par acte du Palais du 11 décembre 1886, notification du rapport de l'expert Curieux dressé d'ailleurs en présence de toutes les parties, ou elles dûment représentées, que c'est en suite de cette notification régulière, que l'affaire a été portée à l'audience, que depuis, à la date du 22 janvier 1887, Me Guillermain, dans un acte contenant constitution d'avoué pour un des cohéritiers Paradis qui déclare se porter fort pour les autres, a fait certaines offres auxquelles il n'y a pas lieu de s'arrêter ;

« Qu'enfin, en faisant plaider à cette barre en leur nom, les consorts Paradis ont accepté le débat contradictoire déjà constaté par des faits; et les pièces dont l'énumération vient d'être faite ;

« Attendu qu'en cet état il n'y a pas lieu de s'arrêter au moyen moratoire proposé, qu'il y a lieu au contraire d'admettre les conclusions en garantie formulées par Raynaud contre les consorts Paradis et de les condamner à relever et garantir Raynaud à concurrence des 4/5 des condamnations qui ont été prononcées contre lui ;

« PAR CES MOTIFS;

« LE TRIBUNAL,

« Jugeant en matière ordinaire et premier ressort ;

« Autorisant en tant que de besoin les femmes mariées à ester en justice ;

« Homologue purement et simplement le rapport de l'expert Curieux ;

« Dit que Raynaud est condamné à faire exécuter, sous la direction de l'expert, les travaux énumérés dans son rappori, dans le délai de trois mois à partir des présentes ;

« Dit que Raynaud est condamné à payer à Sonthonax la somme de 1,000 francs à titre d'indemnité, condamne enfin Raynaud en tous les dépens de l'instance, y compris les frais des diverses instances en référé et les frais d'expertise ;

« Condamne les consorts Paradis à relever Raynaud à concurrence des 4/5 de toutes les condamnations prononcées contre lui en capital, intérêts et frais, y compris le coût des réparations, ordonnées par le présent jugement.

La circonstance que les lieux loués sont tellement humides qu'il serait très incommode et peut-être dangereux d'y habiter, est une cause de résiliation de bail, dans le cas même où le locataire a pu, lors de la visite des lieux, constater l'existence d'indices d'humidité et a consenti à faire les réparations,... si d'ailleurs il n'a pu se rendre compte de la gravité de l'inconvénient et n'a entendu prendre à sa charge que les réparations d'appropriations dites locatives (1721).

Et il y a lieu de réduire, à titre de dommages-intérêts, la somme due par le locataire pour ses loyers courus, mais non de lui faire remise entière des loyers, s'il n'a commencé à se plaindre qu'après plusieurs mois de jouissance. (Tribunal de Lyon, 4 mai 1865. 65. 3. 95.)

Le volume premier de notre traité sur les « *Locations* » contient dans les alinéas 201 et suivants, auxquels nous renvoyons le lecteur, une étude complète des questions relatives à « l'HUMIDITÉ *des locaux loués* ».

Voyez : *Résiliation pour cause d'humidité.*

I

Immeubles par destination. — Aux termes de l'article 525 du Code civil, le propriétaire est censé avoir attaché à son fonds des effets mobiliers à perpétuelle demeure, quand ils y sont scellés en plâtre ou à chaux ou à ciment, ou lorsqu'ils ne peuvent être détachés sans être fracturés et détériorés, ou sans briser ou détériorer la partie du fonds à laquelle ils sont attachés.

Les glaces d'un appartement sont censées mises à perpétuelle demeure, lorsque le parquet sur lequel elles sont attachées fait corps avec la boiserie.

Il en est de même des tableaux et autres ornements.

Quant aux statues, elles sont immeubles lorsqu'elles sont placées dans une niche pratiquée exprès pour les recevoir, encore qu'elles puissent être enlevées sans fracture ou détérioration.

La Jurisprudence, reproduite *in-extenso* dans le Répertoire Dalloz, nous fournit beaucoup de cas d'espèces que nous allons passer en revue en les classant par catégories.

1[ent] *Ustensiles nécessaires au fonctionnement des usines.*

Cette disposition ne s'applique qu'aux ustensiles servant à l'exploitation d'un immeuble dont la destination industrielle est certaine ; elle est étrangère aux outils et métiers qu'un simple artisan emploie à l'exercice de sa profession.

Dès qu'ils sont affectés au service d'une usine, d'un véritable établissement industriel, les ustensiles sont immeubles, de quelque poids et valeur qu'ils soient.

L'article 524, qui déclare immeubles par destination les ustensiles nécessaires à l'exploitation des usines, s'applique aux seuls objets qui sont les agents nécessaires du système spécial de production auquel l'établissement est consacré, et non pas à ceux qui ne sont que les instruments extérieurs du débit des choses fabriquées. — Metz, 27 juin 1866, D. P. 66. 2. 171.

En conséquence, d'une part, doivent être considérés comme immeubles par destination les chevaux qui sont employés, dans une brasserie, à mettre un mécanisme en mouvement. — Même arrêt.

Il en est de même des chevaux destinés et employés par le propriétaire d'un moulin au service de ce moulin (Quest. controv.).

Et, d'autre part, les chevaux, harnais et voitures, employés par le brasseur pour transporter en divers lieux les produits de sa brasserie, sont meubles. — Arrêt précité du 27 juin 1866.

Il en est ainsi, surtout si ces chevaux, harnais et voitures peuvent servir, en même temps, à un commerce de grains que le brasseur joint à son industrie principale, cette circonstance suffisant pour ôter à la destination des objets dont il s'agit le caractère de spécialité nécessaire pour en faire des immeubles. — Même arrêt.

Les tonneaux qui servent, dans une brasserie, à transporter la bière chez les particuliers, peuvent être considérés comme des ustensiles nécessaires à l'exploitation de la brasserie, et conséquemment comme immeubles. — Civ. r. 4 février 1817.

Sont immeubles, des métiers à filer le coton, mis en mouvement au moyen d'une roue et d'un ventilateur adaptés à des bâtiments et mus par un ruisseau ; en cas de saisie de ces bâtiments sur le propriétaire, on ne peut demander la distraction, comme meubles, des métiers saisis. — Lyon, 8 déc. 1826, J. G. *Biens*, 93.

Jugé, toutefois, que des mécaniques à filer le coton, quoique scellées dans les murs d'une fabrique, ne deviennent pas immeubles, lorsqu'elles peuvent se déplacer sans détérioration. — Bruxelles, 11 janvier 1812, J. G. *Biens*, 94.

Les presses et autres accessoires d'une imprimerie, placés dans un bâtiment par celui qui en est le propriétaire, sont immeubles comme le bâtiment même (Quest. controv.).

Les machines, décorations et autres effets mobiliers d'un théâtre, s'ils ont été placés par destination par le propriétaire lui-même, sont immeubles.

Mais ils sont meubles, lorsqu'ils ont été placés par un autre que le propriétaire du théâtre, c'est-à-dire par un simple locataire. — Décis. min. fin. 4 mars 1806, J. G. *Biens*, 96.

Sont immeubles, les tuyaux, chaudières, baignoires et robinets affectés au service d'un établissement de bains. — Rennes, 19 mars 1821. — Tr. d'Alençon, 6 octobre 1841.

Mais il n'en est pas de même des autres objets qui n'ont pas une corrélation aussi directe avec l'exploitation du fonds, tels que chaises, linge de lit et de corps, ustensiles de cuisine, etc., et cela, alors même que l'établissement, à raison de sa situation, doit fournir aux baigneurs le logement et la nourriture. — Même jugement du 6 octobre 1841.

Dans une filature, on doit réputer immeubles les machines à carder, à filer et autres de cette nature, mais non les métiers à tisser, étrangers au service de la filature, ni, à plus forte raison, les meubles meublants placés dans cette fabrique. — Req. 27 mars 1821.

On ne peut considérer comme des ustensiles, dans le sens de l'article 524, des approvisionnements en chiffons pour les papeteries, et en charbons pour les forges. Ces objets sont donc purement mobiliers.

Le matériel roulant d'un *chemin de fer* établi pour le service d'une carrière, ainsi que les instruments servant soit pour le chargement, soit pour le déchargement des pierres, doivent être considérés comme immeubles par destination, et, à ce titre, ils sont compris, comme le chemin lui-même, dont ils sont un accessoire, dans la saisie de la carrière opérée à la requête des créanciers inscrits. — Bourges, 22 mars 1867, D. P. 67. 2. 76.

Sont immeubles les machines servant à l'exploitation des *mines*, ainsi que les autres travaux établis à demeure, conformément à l'article 524 C. civ.

Sont aussi immeubles par destination les chevaux, agrès, outils et ustensiles servant à l'exploitation des mines. — Mais ne sont considérés comme chevaux attachés à l'exploitation que ceux qui sont exclusivement attachés aux travaux intérieurs des mines (L. 21 avril 1810, art. 8).

On ne doit pas considérer comme immeubles par destination les chevaux qui servent à transporter hors du lieu de l'exploitation les matières extraites de la mine.

De même, les chariots qui servent au transport des matières extraites doivent, aussi bien que les chevaux de transport, conserver leur caractère de meubles.

Ainsi, il n'y a pas lieu de qualifier d'immeubles par destination les chevaux ou les autres animaux qui servent à transporter hors du lieu de l'exploitation les matières extraites.

Les articles 524 et 525 du Code civil ne sont pas violés par l'arrêt qui déclare immeubles par destination, et par suite susceptibles d'hypothèque, les appareils vinaires, tels que cuves, foudres, récipients, pompes, agents distillatoires, et qui ont été placés par leur propriétaire, pour les besoins de son commerce de vins, dans des chais construits à cet effet et exclusivement affectés à cet usage.

Ainsi jugé, par le rejet du pourvoi de M. Mercier, syndic de la faillite Lyonnet, contre un arrêt de la Cour de Montpellier, du 16 mai 1884, rendu au profit de MM. Berq et autres. (Cour de cassation, 8 décembre 1885.)

2ent *Ustensiles attachés à l'exploitation des carrières.*

Les chemins de fer, plaques tournantes, grues, cabestans, chemins en rampes, crics, pinces, levrettes, pioches, layes, routes, et tous autres ustensiles d'exploitation, d'éclairage et de transport qui ont été placés par l'exploitant, propriétaire du fonds, sont immeubles par destination.

Les mêmes objets appartenant à l'exploitant, locataire du droit de fortage, doivent être considérés comme meubles.

3ent *Pailles et engrais.*

Les pailles et engrais ne doivent pas être considérés comme immeubles, si l'usage du père de famille est de les vendre, plutôt que de les employer à fumer sa terre.

Hors ce cas, le créancier qui a saisi mobilièrement les gerbes d'une récolte est tenu de faire battre et de ne poursuivre que la vente de la graine.

Il en est autrement, toutefois, dans le cas de saisie-brandon, qui comprend les pailles, parce qu'elle porte sur les fruits saisis et vendus sur pied.

Le mot *engrais*, plus étendu que celui de *fumier*, comprend toutes les espèces d'engrais recueillis ou amassés pour fertiliser le fonds.

Si un domaine, composé de plusieurs pièces de terre exploitées par un seul fermier, a été, avant l'expiration du bail, vendu en détail, les pailles et engrais que le fermier doit laisser à sa sortie appartiennent aux divers acquéreurs des terres proportionnellement, et non pas au vendeur. (Quest. controv.)

L'article 524 ne parlant pas des *foins*, on doit les considérer comme conservant leur nature de meubles, parce qu'ils sont une récolte. — Grenoble, 3 févr. 1851, D. P. 53. 2. 32.

Cependant, les *fourrages* placés sur un domaine par le propriétaire pour la nourriture des animaux attachés à la culture, doivent être considérés comme immeubles par destination. — Bordeaux, 26 janv. 1827. — Trib. de Bourganeuf, 21 juill. 1849, D. P. 49. 3. 95.

C'est à la campagne seulement que les pailles et engrais sont des moyens d'exploitation ; à la ville, les pailles, les engrais, s'il s'en trouve, et le foin, ne sont que des choses mobilières.

4ent *Echalas, palissades, etc.*

Les échalas des vignes sont immeubles dès qu'ils ont été placés en terre, même par un fermier ou un usufruitier, lesquels sont, en cela, réputés mandataires du propriétaire et ils conservent cette qualité d'immeubles même après qu'ils ont été arrachés pour être mis à couvert en hiver.

Mais, tant qu'ils n'ont pas encore servi, les échalas sont meubles.

Les palissades, les haies sèches fixées en terre, sont immeubles, même si elles ont été plantées par l'usufruitier ou fermier.

5ent *Glaces, tableaux, lambris, statues et effets mobiliers en général.*

Par cela seul que des choses mobilières attachées à un fonds par le propriétaire y sont *scellées en plâtre, à chaux ou à ciment*, elles participent de la nature de l'immeuble, sans qu'il y ait à considérer quel peut être leur degré d'utilité ou d'inutilité par rapport au service de cet immeuble, ni si elles pourraient en être détachées sans dommage.

Elles sont également immobilières, de quelque manière qu'elles aient été unies au fonds, si elles n'en peuvent être séparées sans subir une détérioration ou en causer une au fonds.

L'article 525, en tant qu'il indique certains signes auxquels se reconnaît l'intention du propriétaire d'immobiliser un objet mobilier de sa nature, n'est pas limitatif; tout autre *signe extérieur* attestant clairement la volonté d'attacher un tel objet à un fonds à perpétuelle demeure, en opère également l'immobilisation. — Bruxelles, 14 juin 1821.

L'article 525 est purement démonstratif, non pas seulement en ce sens qu'il admet comme signes d'immobilisation tous les moyens qui produisent l'impossibilité de désunir sans fracture ni détérioration, mais encore en ce sens qu'il n'exige pas une union physique, une incorporation matérielle. Ainsi il suffit, pour l'immobilisation d'un objet mobilier, que cet objet ait été placé sur le fonds pour son service ou son agrément, avec l'intention de l'y laisser à perpétuité, bien qu'il n'y ait entre l'un et l'autre aucun lien matériel.

Ainsi, un monument, érigé sur un terrain qui a été le théâtre d'un grand événement ou la résidence d'un homme célèbre, afin d'en perpétuer le souvenir, a le caractère immobilier, alors même qu'il repose simplement sur le sol sans y être incorporé.

De même, des fleurs ou arbustes plantés dans des caisses ou dans des pots sont immeubles par destination, s'ils ont été placés dans le fonds à perpétuelle demeure.

En sens contraire, des objets mobiliers ne sont censés attachés à une maison à perpétuelle demeure qu'autant qu'ils sont scellés en plâtre, à chaux ou à ciment, ou qu'ils ne peuvent être enlevés sans détérioration. — Caen, 8 avr. 1818, J. G. — Colmar, 16 mars 1826.

Spécialement, des orangers et des citronniers en caisse, déposés dans des serres et jardins, ne peuvent point être réputés immeubles par destination. — Même arrêt du 8 avr. 1818.

L'article 525 n'est pas limitatif non plus en ce qui concerne l'immobilisation des *glaces* et des *statues*. Ainsi, une glace est immobilisée toutes les fois qu'il est impossible de la détacher sans fracture, alors même qu'elle n'aurait pas été incorporée à l'immeuble suivant le mode prévu par l'article 525; et de même, une statue devient immeuble, non seulement lorsqu'elle est placée dans une niche pratiquée à cet effet, mais aussi lorsqu'elle est placée dans une cour ou un jardin, sur un piédestal enfoncé en terre (Quest. controv.).

Les *glaces* d'un appartement peuvent être réputées immeubles par destination, bien que leur parquet ne fasse pas corps avec la boiserie, si d'autres faits démontrent l'intention du propriétaire d'attacher ces glaces à son fonds à perpétuelle demeure. — Req. 8 mai 1850. D. P. 50. 1. 269.

Ainsi sont immeubles : ... les glaces d'un appartement retenues le long du mur par de simples pattes, lorsque derrière les glaces les murs sont nus, et qu'il est établi que le propriétaire les a mises *ad integrandum domum*, pour compléter les cheminées et tentures de l'appartement. — Même arrêt.

... Les glaces dont les parquets ont été posés à l'arasement des porte-tapisseries supportant les tentures des appartements et de manière à faire corps avec ces tapisseries, — Paris, 10 avril 1834.

... Les glaces placées parle propriétaire à l'époque même de la construction de la maison, et pour faciliter la location. — Paris, 11 mars 1853, D. P. 53. 5. 46.

... Les glaces placées dans une maison par le propriétaire afin de faciliter la location de cette maison, encore bien que ces glaces ne fassent pas corps avec la boiserie et soient simplement appliquées contre les tentures. — Paris, 11 avril 1840. — Paris, 19 juin 1843.

... Les glaces qui décorent les appartements d'une maison, lorsque, eu égard à la situation de celle-ci, les appartements ne peuvent être loués que s'ils sont ornés de glaces, et que, pour se soumettre à cette nécessité, le propriétaire les avait achetées en bloc du locataire principal dont il voulait continuer le genre d'exploitation. — Paris, 4 août 1852, D. P. 52. 2. 296, et sur pourvoi, Req. 11 mai 1853, D. P. 53. 1. 167-168.

... Des glaces que les nécessités du mode d'exploitation de la maison indiquent y avoir été placées à perpétuelle demeure. — Trib. de Versailles, 21 juin 1855, D. P. 55. 3. 70.

De même, lorsqu'un immeuble a été hypothéqué avec ses accessoires, et notamment avec les glaces *se trouvant dans les boiseries*, ces glaces, alors même qu'elles ne sont pas attachées *sur un parquet faisant corps avec ces boiseries*, doivent, si d'ailleurs elles se trouvent incrustées dans celles-ci, être réputées valablement comprises dans la convention hypothécaire. — Bruxelles, 14 juin 1821.

En sens contraire, des glaces ne sont immeubles par destination qu'autant que leur parquet fait corps avec la boiserie. — Colmar, 16 mars 1826. — Paris, 20 fév. 1833.

... Sans qu'il puisse être suppléé à cette circonstance par la preuve, résultant de leurs dimensions et de leurs agencements avec les cheminées et les trumeaux, que le propriétaire a entendu les poser à perpétuelle demeure. — Paris, 20 fév. 1833.

Les glaces ne peuvent être qualifiées d'immeubles par destination qu'autant qu'elles ont été l'objet du mode d'incorporation déterminé par le § 2 de l'article 524 Code civil, ou de tout autre mode d'agencement qui implique le fait matériel d'une adhérence apparente et durable (C. civ. 524 et 525); — et spécialement, les glaces que le propriétaire d'une maison a simplement fixées par des clous aux murs des appartements de cette maison ne peuvent être considérées comme des immeubles par destination. -- Civ. c., 17 janv. 1859, D. P. 59. 1. 68.

Si les glaces attachées à un parquet faisant corps avec la boiserie sont immeubles, à plus forte raison en est-il ainsi de la *boiserie* elle-même.

Le *parquet* d'une glace est immeuble, lors même qu'il ne serait pas assemblé dans le corps de la boiserie, si, en l'endevant, le mur devait rester brut et nu derrière, et que le surplus de la pièce eût été boisé.

Il appartient à la Cour de cassation d'apprécier les faits

qui sont de nature à établir l'intention du propriétaire d'attacher des meubles à son fonds à perpétuelle demeure et de les rendre, de la sorte, immeubles par destination. — Req., 8 mai 1850, D. P. 50. 1. 269.

Sont encore immeubles par destination : ... les *alcôves* et les *cloisons* faisant corps avec la boiserie, ainsi que les *bas-reliefs* construits ou appliqués contre une façade.

... Les *volets mobiles* d'une boutique, le *couvercle* d'un puits, les *râteliers* d'une écurie, quand même ils pourraient être enlevés sans détérioration, les *clefs* des appartements, celles même qui ont été faites sur la demande d'un locataire.

Mais une *enseigne* est mobilière de sa nature, et ne s'incorpore pas à l'immeuble dans lequel elle est placée. — Civ. c., 21 déc. 1853, D. P. 54. 1. 9.

Les *ornements d'une chapelle* sont immeubles. — Trib. d'Alençon, 6 oct. 1841.

Les *cloches des églises* ne deviennent immeubles par destination que dans les cas exceptionnels énumérés aux articles 524 et 525 C. civ. ; mais elles conservent leur caractère mobilier lorsqu'elles sont installées dans le clocher, au moyen d'une charpente isolée et sans adhérence à la maçonnerie. — Rouen, 23 avril 1866, D. P. 66. 2. 160.

Les chaudières, baignoires, tuyaux, robinets et autres objets servant à l'exploitation des bains publics, sont des immeubles par destination. (Rennes, 12 mars 1821.)

6cent *Cessation de l'immobilisation.*

L'immobilisation attachée par l'article 524 C. civ. aux objets mobiliers placés par le propriétaire sur son fonds, pour le service et l'exploitation de ce fonds, ne s'appliquant qu'à ceux de ces objets qui sont affectés directement à ce service et à cette exploitation, il en résulte que le caractère d'immeubles par destination ne peut être attribué aux meubles qui garnissent une hôtellerie annexée à l'exploitation d'une source d'eau thermale, cette hôtellerie ne tenant pas essentiellement au service de la source. — Civ. c. 18 novembre 1845, D. P. 46. 1. 36. — V. *suprà*, nos 9 et 48.

Les immeubles par destination redeviennent meubles lorsqu'ils sont détachés du fonds au service duquel ils étaient affectés. — Req. 19 novembre 1823.

Mais une simple séparation de fait et momentanée ne suffirait pas toujours pour produire ce résultat. Ainsi, des bestiaux attachés à l'exploitation d'un fonds ne cesseraient pas d'être immeubles par cela seul qu'ils auraient été accidentellement déplacés pour être employés ailleurs à des travaux urgents ; il faudrait une séparation intentionnellement définitive.

De même, les glaces ne cessent pas d'être immeubles par cela seul qu'elles ont été détachées pour être repassées au tain.

Le propriétaire est toujours libre de détacher du fonds les objets mobiliers qu'il y a placés pour le service et l'exploitation de ce fonds, et de faire cesser l'immobilisation. C'est ce qui a lieu lorsque le propriétaire donne ou vend ces objets séparément du fonds ; ils recouvrent alors leur nature originaire de meubles. — Grenoble, 19 décembre 1815.

... Alors même que ces objets et ce fonds auraient été vendus, mais par des actes distincts, le même jour et au même acquéreur. — Civ. r. 19 novembre 1823.

Les immeubles par destination perdent ce caractère, quoique non séparés du fonds, si, par l'effet de certaines circonstances, ils ne peuvent plus remplir le but pour lequel ils y avaient été attachés. C'est ce qui a lieu, par exemple, à l'égard des bestiaux placés dans une ferme, lorsque tous les autres moyens d'exploitation ayant été saisis ou vendus, ils ne peuvent plus être employés à la culture. — Bourges, 9 fév. 1830.

Le caractère immobilier qu'un propriétaire a donné à des meubles en les affectant à un fonds, devient, à sa mort, irrévocable, en ce sens que le curateur à sa succession vacante ne peut, en les vendant séparément du fonds, faire tomber leur prix dans la masse chirographaire, au détriment des créanciers inscrits sur l'immeuble. — Civ. r. 4 février 1817.

Immeubles indivis, le sol appartenant au bailleur et les constructions au locataire. — Voyez : *Indivision du sol et des constructions.*

Immeuble surenchéri. — Loyers courus entre les deux adjudications. — La vente d'un immeuble donne à l'acquéreur le droit d'affermer le dit immeuble à partir du jour même où il en devient propriétaire, et si, plus tard, une surenchère du sixième l'en dépossède, il a le droit de percevoir les loyers courus depuis le jour de la vente originaire jusqu'à celui de l'adjudication sur surenchère.

(Tribunal civil de Compiègne, 2 août 1887. Affaire *Dehavay* contre *Poulain.*)

Immobilisation de loyers. — Voyez : *Loyers immobilisés à la suite de saisie immobilière.*

Impenses et améliorations faites par le locataire dans les locaux loués. — Le bailleur doit tenir compte au preneur des réparations faites par celui-ci pour la conservation de la chose louée, et même des perfectionnements ou améliorations nécessaires à l'usage ordinaire de cette chose.

(Cour d'Orléans, 20 avril 1849. Dalloz 1850. 2. 1.)

Le propriétaire, même en offrant de payer au locataire la valeur des objets que celui-ci a fait placer dans les lieux loués, n'a pas le droit de l'empêcher de les enlever, lorsqu'ils ne paraissent pas, par leur nature, avoir été mis à perpétuelle demeure, et qu'ils peuvent être détachés sans dégradations pour l'immeuble, comme, par exemple, des glaces, une alcôve, des arbres en pépinière, etc. (Duvergier, t. III, n° 460, et Troplong, n° 354).

De son côté, le locataire, encore que le propriétaire ne lui en paie point la valeur, ne peut dégrader ni détériorer les peintures qu'il aurait fait exécuter sur murs ni ailleurs, ni arracher ni même gâter les papiers qu'il aurait fait coller sur les murs (Bourjon, *Droit commun de la France*).

Lepage (*Lois des bâtiments*, t. II, p. 189) rapporte l'espèce d'un arrêt du parlement de Paris, qui a jugé en ces termes :

« Un locataire, dit-il, avait pris, rue Saint-Denis, à Paris, une maison sans plafonds, ni papiers, ni peintures ; il fit faire, à ses frais, des plafonds, de jolies peintures, et fit coller des papiers sur les murs. Le propriétaire ne voulut pas renouveler le bail, et signifia qu'il gardait les changements. Sous prétexte qu'on ne pouvait pas l'empêcher de rétablir les lieux dans leur état primitif, le locataire détruisit les plafonds, gratta les peintures et arracha les papiers. Le propriétaire se pourvut en dommages et intérêts ; il soutint que son intention de conserver les lieux dans leur état actuel ayant été connue du locataire, qui n'en disconvenait pas, celui-ci n'avait eu le droit d'y rien détruire ; qu'à la vérité les embellissements avaient été exécutés à ses dépens, mais qu'il ne pouvait tirer aucune espèce d'avantage de la destruction des plafonds en plâtre, ni des papiers qui étaient collés sur les murs et non pas sur la toile. A l'égard des peintures, il était évident qu'une espèce de méchancheté avait porté le locataire à les gâter.

« Une sentence du Châtelet ayant adjugé des dommages et intérêts au propriétaire, il y eut appel, qui fut porté à l'audience de la Grand'Chambre, où la sentence fut confirmée par arrêt rendu sur les conclusions de M. Séguier. Nous étions présent, et nous entendîmes que M. l'avocat général invoqua d'abord le principe qui ne permet pas de faire le mal d'autrui sans intérêt pour soi ; il observa que les embellissements opérés par le locataire avaient le caractère évident de choses faites avec l'intention de la perpétuelle demeure, puisqu'elles ne pouvaient pas être enlevées sans être entièrement détruites. Ces embellissements étaient devenus parties intégrantes de la maison, et, par conséquent, la propriété du maître de cette maison. Celui-ci avait donc le droit d'exiger ou que l'ancien état des lieux fût rétabli, ou qu'ils fussent laissés dans l'état actuel ; le locataire ayant fait son choix pour ce dernier parti, ce dernier ne devait pas toucher à des embellissements qui ne lui appartenaient plus. »

C'est aussi ce qu'un jugement du Tribunal de paix du 4e arrondissement de Paris (*Gaz. des Trib.*, année 1836), a décidé dans l'espèce suivante :

« Le sieur Laforcade avait fait poser du papier de tenture dans l'appartement qu'il occupait dans la maison du sieur Lefèvre. Lors de la sortie des lieux, par suite de difficultés survenues entre lui et le propriétaire, il s'avisa de dessiner sur ce papier des figures grotesques accompagnées d'inscriptions si obscènes que, pour pouvoir louer son appartement, le sieur Lefèvre se vit dans la nécessité de faire arracher ce papier, et de le remplacer par une nouvelle tenture. Ces travaux lui ayant occasionné une dépense de 16 francs 85 centimes, il assigna le sieur Laforcade, à fin de remboursement de cette somme. Le Tribunal, considérant que le locataire sortant doit rendre les lieux en bon état ; que c'est dans le dessein de nuire au propriétaire que Laforcade a sali les papiers de tenture de son appartement, de manière à en empêcher la location, a condamné le défendeur à rembourser au sieur Lefèvre la somme de 16 fr. 85 c. formant l'objet de la demande. »

A l'égard des choses qui ont été plutôt juxtaposées qu'incorporées au fonds, s'il apparaît que l'intention du preneur a été d'en conserver la propriété et de les détacher de l'immeuble pour les emporter avec lui, cemme des tableaux, des glaces, des arbres de pépinière, etc., le propriétaire n'a pas le droit de les conserver contre la volonté du preneur, même en lui offrant de lui en payer la valeur.

Lorsqu'il s'agit d'améliorations qui ne peuvent être enlevées, lorsque le preneur, par exemple, a fait tapisser les murs, peindre les plafonds, les boiseries, et que le bailleur se refuse de lui payer une indemnité quelconque, le preneur n'a pas le droit de détruire ces travaux et de remettre les lieux dans leur état primitif.

Voyez : *Imputation des sommes dues au locataire*. — *Droit de préférence du locataire sur les créanciers. — Impenses voluptuaires.*

Impenses et améliorations faites aux lieux loués devant profiter au propriétaire et détruites par un incendie. — La décision rapportée ci-dessous établit nettement la Jurisprudence non controversée sur ce point :

« Lorsqu'il est stipulé dans un bail que les améliorations « faites au cours du bail par le preneur resteront au propriétaire « en fin de bail sans indemnité, cette clause oblige le locataire, « au cas où les bâtiments sont incendiés par sa faute, à tenir « compte au propriétaire non seulement de la valeur des bâti- « timents loués, mais encore de celle des améliorations qu'il y a « faites, bien qu'il eût pu les faire disparaître pendant la durée « du bail. »

Rejet, en ce sens, du pourvoi de M. Alphen contre un arrêt de la Cour de Paris, en date du 17 janvier 1879, rendu au profit de MM. le comte de Ribes et consorts. (Cour de cassation, 24 novembre 1879).

La Chambre des requêtes, après avoir entendu le rapport de M. le conseiller ALMÉRAS-LATOUR ; la plaidoirie de Me BOSVIEL, avocat, et M. de CLÉRY, avocat général, concl. conf., a rendu l'arrêt suivant :

« LA COUR,

« Sur le moyen principal du pourvoi, tiré de la violation des articles 1134, 1302 et 1722 du Code civil, de la fausse application des articles 1732 et 1733 du même Code, et d'un défaut de motifs :

« Attendu qu'il résulte des déclarations de l'arrêt attaqué combinées avec les conclusions prises par les parties en appel, que la Compagnie demanderesse n'a point établi que l'incendie survenu dans l'usine dont elle était locataire soit dû à un cas fortuit ;

« Que la Cour de Paris a suffisamment motivé sa décision sur ce point, et qu'elle a, par suite, réglé la responsabilité de la Compagnie, conformément aux règles générales du droit ;

« Qu'ainsi le moyen manque en fait ;

« Sur les moyens subsidiaires,

« En ce qui concerne le premier de ces griefs, fondé sur la violation de l'article 1134 du Code civil :

« Attendu qu'il appartenait aux juges du fond d'apprécier la consistance et la valeur des constructions et matériaux restant, après l'incendie, dans les lieux loués à la Raffinerie parisienne, afin d'en faire l'imputation sur la somme totale représentant les dommages dus au défendeur éventuel ;

« Attendu que, pour faire cette évaluation, l'arrêt attaqué a pris en considération l'état de dégradation et de délabrement des parties de bâtiments subsistantes, l'impossibilité d'en tirer un parti utile dans leur condition actuelle, et la nécessité, pour le bailleur, de dépenser des sommes considérables en travaux de vidange, de déblai, de démolition, de réparations et constructions nouvelles pour reconstituer les bâtiments en corps d'usine de nature et valeur égales ; que ces appréciations sont souveraines et échappent au contrôle de la Cour de cassation ;

« En ce qui concerne le second grief, tiré de la violation de l'article 1134 du Code civil, et des principes en matière de bail :

« Attendu que, en se référant, soit à l'intention des parties, soit à la nature des améliorations faites dans les bâtiments pris à bail, les juges du fond ont pu déclarer que ces améliorations étaient devenues la propriété de de Ribes, au moment où le bail a pris fin par suite d'un incendie ; qu'en prononçant ainsi ils n'ont violé aucun principe de droit;

« En ce qui concerne le troisième grief, fondé sur la fausse application de l'article 1760 du Code civil :

« Attendu qu'aux termes de l'article 1760 du Code civil, en cas de résiliation par la faute du locataire, celui-ci est tenu de payer le prix du bail pendant le temps nécessaire à la relocation, sans préjudice des dommages-intérêts qui ont pu résulter de l'abus ;

« Attendu que cet article était applicable à la Compagnie déclarée responsable de l'incendie survenu le 28 février 1873 ; que, pour fixer l'indemnité dont elle était redevable, de ce chef, à trois années de loyer, à partir de ladite date, les juges du fond ont considéré que la Raffinerie parisienne a continué d'occuper les lieux, jusqu'au 1er juillet 1875 ; qu'elle n'a fait à de Ribes aucune offre d'indemnité, et que ce dernier a été réduit à l'impuissance de reconstituer son usine ; que ces appréciations sont souveraines et ne peuvent contrevenir à l'article 1760 du Code civil ;

« PAR CES MOTIFS,

Rejette..... »

Impenses et améliorations aux biens ruraux et bâtiments d'exploitation. — Si le preneur, au cours du bail, a fait des impenses sur l'immeuble loué, a-t-il le droit de réclamer, à la fin du bail, une indemnité pour cet objet? — Il faut distinguer entre les impenses *nécessaires*, *utiles* et *voluptuaires*. — J. G. *Louage*, 556.

S'il est établi que les travaux étaient *nécessaires*, le bailleur doit lui rembourser ce qu'il a dépensé. — J. G. *Louage*, 557. — Conf. Bourges, 3 juin 1840, *ibid.*, 558. — V. *infrà*, nº 23.

Ainsi, le fermier qui a reconstruit le toit d'une grange, même sans avertissement préalable au bailleur, n'est pas, pour cela, non recevable à réclamer le remboursement de ses impenses, s'il prouve que cette reconstruction était *nécessaire*. — Douai, 23 mars 1842, J. G. *Vente*, 557. — V. aussi *infrà*, nº 27.

... En pareil cas, la preuve des impenses, excédant même 150 fr., peut être faite par témoins, d'après les règles du quasi-contrat de gestion d'affaires. — Même arrêt.

La preuve testimoniale peut être invoquée par le preneur qui, sans opposition du bailleur, a fait des plantations ou constructions sur l'immeuble loué, pour établir que ces plantations ou constructions ont été faites par lui et à ses frais. — (Sol. impl.) Civ. r. 23 mai 1860, D. P. 60. 1. 384.

Et le preneur, admis à réclamer l'indemnité établie par l'article 555, non seulement contre le bailleur, sans opposition duquel il a fait ses plantations ou constructions, mais encore contre l'acquéreur postérieur de l'immeuble, peut invoquer la preuve testimoniale à l'égard de ce dernier, comme il l'eût pu à l'égard de son bailleur : on dirait à tort que le droit à l'indemnité prend alors sa source dans une convention tacite intervenue entre le bailleur et le preneur, et que cette convention est sans effet contre l'acquéreur à défaut d'acte écrit ayant acquis date certaine avant son acquisition. — Même arrêt.

Voyez : *Imputation des sommes dues au locataire*. — *Droit de préférence du locataire sur les créanciers. — Impenses voluptuaires.*

Impenses et améliorations faites aux meubles loués. — Le droit attribué au preneur d'exiger le remboursement de ses impenses nécessaires, c'est-à-dire des sommes qu'il a dépensées pour la conservation de la chose, s'applique au louage des meubles comme à celui des immeubles. — J. G. *Louage*, 880.

Impenses et améliorations faites par le locataire avec faculté d'enlever en fin de bail. — Si, à la fin du bail, le preneur a la faculté d'enlever, pourvu qu'il n'en résulte pas de dégradations, les objets qu'il a ajoutés à la chose louée, il n'est point fondé à réclamer une indemnité au bailleur à raison de la plus-value que les améliorations faites par lui ont pu donner à cette chose (C. Nap. 1731. 1732.) On dirait à tort qu'en pareil cas le preneur doit être assimilé au possesseur de bonne foi qui a fait des ouvrages sur l'immeuble dont il est évincé. (C. Nap. 555.)

(Bordeaux, 4 mars 1856. 2. 206.)

Impenses et améliorations faites par le locataire devant, aux termes du bail, profiter au bailleur. — La clause portant qu'à la fin du bail, les constructions et embellissements faits par le locataire resteront au propriétaire sans indemnité, doit-elle produire son effet en cas de résiliation du bail, prononcée faute de paiement et d'exécution, avant l'expiration du terme pour lequel il avait été stipulé ?

Cette question s'est présentée devant le Tribunal civil de la Seine et la Cour de Paris dans l'espèce suivante :

M. le duc de Padoue avait loué à la société Petitville et compagnie, pour 18 ans, et au prix de 24,000 francs par an, un hôtel, rue de la Chaussée-d'Antin. La somme de 360,000 francs fut dépensée par les locataires, en embellissements et en décors de toute nature. Un casino, désigné sous le nom de

Casino Paganini, fut établi dans l'hôtel. Mais deux années s'étaient à peine écoulées que la société Petitville et compagnie n'existait plus. M. le duc de Padoue fit alors prononcer la résiliation du bail et rentra en possession de son hôtel. On avait inséré dans le contrat une clause portant qu'à fin du bail les constructions et embellissements resteraient au propriétaire sans indemnité. Mais comment cette stipulation devait-elle être interprétée? Avait-il été dans l'intention des parties que des constructions aussi importantes demeurassent à M. le duc de Padoue, après une jouissance si courte pour les locataires? Ces mots: A la fin du bail, devaient-ils au contraire s'entendre des 18 années dont on était convenu?

Le Tribunal de la Seine a décidé que les constructions, embellissements et distributions de toute nature opérés par la société Petitville demeureraient, aux termes du bail, au propriétaire sans indemnité, et la Cour de Paris, 2e Chambre, par arrêt du 14 novembre 1839, a confirmé la sentence des premiers juges (*Gaz. des Trib.* et *Droit*, 15 nov. 1839).

3° Le preneur d'un immeuble avec lequel il a été stipulé que toutes les dépenses faites sur cet immeuble au-delà d'une certaine somme resteront à sa charge, sans restitution ni indemnité contre le bailleur qui profitera des travaux, ne peut réclamer d'indemnité pour cet excédant de dépenses, même en alléguant qu'il s'agit de travaux qui, à raison de leur importance, sortaient des prévisions du contrat, alors qu'aucune convention spéciale n'est intervenue relativement à ces travaux. (C. Nap., 555 et 1730.)

(Cassation, 1er août 1859; 1859, 1. 353.)

Impenses voluptuaires ou plus ou moins utiles. — Le locataire n'a pas le droit d'en demander le remboursement au bailleur qui n'a point donné ordre de les faire.

Si le bailleur doit tenir compte au preneur des réparations faites par celui-ci pour la conservation de la chose louée, et même des perfectionnements ou améliorations nécessaires à l'usage ordinaire de cette chose, il en est autrement des transformations complètes, plus ou moins utiles, que, dans son intérêt privé, le preneur aurait faites. — (Motifs.) Orléans, 20 avr. 1849, D. P. 50. 2. 1.

Voyez : *Imputation des sommes dues au locataire. — Droit de préférence du locataire sur les créanciers.*

Impôt des portes et fenêtres. — Cet impôt est dû par le locataire sauf stipulation contraire. Le droit du propriétaire ne se prescrit que par 30 ans ; il peut donc réclamer le remboursement des portes et fenêtres à toute époque du bail.

Qui ne se souvient du *Chalet du Critique*, construit par Jules Janin à Passy, rue de la Pompe, et occupé par lui pendant les dernières années de sa vie? Il l'avait construit sur partie de terrains lui appartenant ainsi qu'à sa femme. Sur le reste des terrains ils avaient fait élever différents immeubles. L'un d'eux, un petit hôtel, avait été loué à M. Autret à la charge par celui-ci de supporter, pendant toute la durée du bail, toutes les réparations, de quelque nature qu'elles fussent, ainsi que l'enregistrement du bail. L'impôt foncier avait été laissé à la charge du propriétaire. Le bail était absolument muet sur les portes et fenêtres, ainsi que sur les charges de ville.

Mme Jules Janin, qui avait survécu à son mari, n'avait, paraît-il, pendant sa vie, réclamé à M. Autret que le montant de son loyer sans lui réclamer ni les portes et fenêtres ni les charges de ville acquittées par elle directement. Elle est décédée à son tour, et ses héritiers, s'appuyant sur une jurisprudence aujourd'hui établie, ont réclamé à M. Autret 384 fr. ainsi répartis :

Portes et fenêtres pour 1877 et 1878, 119 fr. 30 c.; curage d'égout, 11 fr.; pavage, 40 fr. 10 c.; balayage, 54 fr.; eaux de la ville, 160 fr.

M. Autret a résisté à cette demande en invoquant le silence gardé par Mme J. Janin pendant toute sa vie.

Mais le Tribunal a rendu un jugement aux termes duquel il a condamné ce dernier à restituer aux héritiers Janin : 1° le montant des portes et fenêtres; 2° du curage d'égout; 3° du balayage, charges incombant au locataire en l'absence de toute stipulation contraire; 4° le montant de la police des eaux, dont la jouissance était dans l'espèce exclusive au locataire, mais il a rejeté la demande en restitution des frais de pavage, charge exclusive du propriétaire. — (Tribunal de la Seine, 6e Chambre, audience 16 décembre 1879, présidence de M. Thirouin.)

Reportez-vous d'ailleurs au mot : *Contributions*.

Impôts des portes et fenêtres des magasins de Bercy loués par la ville de Paris. — Des magasins appartenant à la Ville de Paris, situés dans l'entrepôt de Bercy, et loués par la ville à des commerçants, ne doivent pas être considérés comme affectés à un service public, au sens de la loi du 4 frimaire an VII, article 5 ; ils ne doivent pas en conséquence être exemptés de la contribution des portes et fenêtres établie par la loi précitée.

Ainsi statué, sur une requête de la Ville de Paris, contre un arrêté du conseil de préfecture de la Seine, rejetant sa demande en décharge de la contribution des portes et fenêtres.

M. Trélat, rapporteur ; M. Le Vasseur de Précourt, commissaire du gouvernement.

(Conseil d'Etat, 23 mars 1887.)

Imputations des sommes dues au locataire pour impenses et améliorations faites aux lieux loués. — La dette du propriétaire envers le locataire, à raison des impenses faites par celui-ci, ne devient liquide et exigible qu'au moment où le bail prend fin : jusque-là le locataire ne peut pas refuser le paiement des loyers. — D. P. 72. 2. 27. note 1.

En conséquence, le preneur n'est pas fondé, avant la fin de son bail, à opposer au bailleur la *compensation* des termes de loyers échus avec les impenses par lui faites à l'immeuble loué (C. civ. 1291). — Aix, 16 janv. 1871, D. P. 72. 2. 27.

Incendie causé par fours, forges, foyers, etc., mal installés. — Voyez : *Fours*, *Forges*, *Foyers*, *etc.*

Incendie causé pour défaut de réparations. — Aux termes des articles 1719 et 1720 du Code civil le propriétaire est obligé de faire jouir paisiblement le preneur de la chose louée pendant la durée du bail, et, par conséquent, de lui procurer la jouissance paisible de cette chose, à la différence du nu-propriétaire vis-à-vis de l'usufruitier, lequel doit seulement laisser jouir celui-ci. « Il doit le faire jouir, c'est-à-dire accomplir tous les faits et actes nécessaires pour lui procurer constamment une complète et paisible jouissance, et à plus forte raison doit-il s'abstenir de tous ceux qui pourraient entraver, amoindrir ou gêner en quoi que ce soit cette jouissance. » (Marcadé, t. VI, p. 445.)

Particulièrement, en cas de dégradations arrivées par le feu et causées par l'incendie d'une maison voisine, il doit les faire réparer et apporter toute la diligence nécessaire pour empêcher que son locataire n'éprouve aucun préjudice par suite de cet incendie (art. 1720).

S'il refuse de faire ces réparations, le locataire peut obtenir une condamnation qui est exécutoire par provision (C. Pr., art. 134-2°), et qui l'autorise à faire par lui-même les réparations, si le propriétaire n'y procède (Pothier, n° 107).

Cette condamnation comprendra des dommages-intérêts pour le trouble et le chômage pendant la durée des travaux et pendant le temps qui se sera écoulé depuis l'incendie jusqu'à ce qu'ils aient été commencés, s'il est prouvé que le propriétaire a prolongé, par son inaction ou sa résistance, la gêne du locataire.

On objectera peut-être que l'article 1724 du Code civil impose à ce dernier l'obligation de souffrir, pendant quarante jours, les réparations urgentes de la chose louée, qui ne peuvent être différées jusqu'à la fin du bail, et que si ces réparations durent plus de quarante jours, le locataire a droit, non pas à des dommages-intérêts, mais à une diminution du prix du bail, proportionnée au temps et à la partie de la chose louée dont il a été privé.

A cela nous répondrons que le locataire a toujours le droit

d'exiger que les réparations urgentes prévues par l'article 172 soient faites dans le plus bref délai, et que, même quand le travaux ont duré moins de quarante jours, s'il est établi qu le retard apporté à leur exécution lui a causé un préjudice appréciable, il peut demander, non pas la diminution de loyer que la loi lui accorde au-delà des quarante jours écoulés même quand il n'existe aucun grief contre le propriétaire, mais des dommages-intérêts à raison de ce retard et dans la proportion du préjudice qui en a été pour lui la conséquence.

La dérogation au principe de droit commun, que toute obligation de faire ou de ne pas faire se résout en dommages-intérêts en cas d'inexécution de la part du débiteur (Code civil, art. 1142), dérogation introduite par l'article 1724 en faveur du propriétaire dans ses rapports avec son locataire, cesse de pouvoir être invoquée quand le trouble de jouissance a été occasionné non seulement par la durée des réparations mais encore par la négligence du propriétaire, non seulement par l'incendie, mais encore par le fait du propriétaire qui a prolongé ce trouble par mauvaise volonté ou même par erreur.

Cette erreur se produit souvent à la suite d'un incendie qui a endommagé deux maisons voisines et dont la cause et même le point de départ sont tellement incertains que l'on a peine à se former, à leur sujet, une opinion arrêtée. Au premier moment, le propriétaire porté à invoquer la présomption que les articles 1733 et 1734 du Code civil font peser sur ses locataires, les actionne en responsabilité; ceux-ci résistent, et s'ils prouvent que le feu a été communiqué par la maison voisine, le propriétaire est exposé à une double condamnation, d'abord à acquitter les mémoires des travaux de réfection, et ensuite à payer des dommages-intérêts à ses locataires.

C'est ce qui est arrivé dans les circonstances suivantes :

Le 17 mars 1851, un incendie éclatait dans les combles de la maison appartenant à M. Tanneveau et louée à MM. Peltier et Radais, et le feu, en se propageant, atteignait une maison voisine appartenant à M. Barthélemy et dont MM. Gœdert et Ohnemberger étaient locataires.

Sur les demandes intentées réciproquement par les propriétaires et les locataires les uns contre les autres et contre les voisins, un expert judiciaire établit, par son rapport, dont les conclusions ne furent pas combattues devant le Tribunal, que la cause de l'incendie était inconnue, d'où cette conséquence qu'il n'y avait pas lieu à recours de voisinage, mais que cet incendie avait bien commencé dans la maison dont MM. Peltier et Radais étaient locataires.

Sur ce rapport, le Tribunal civil de la Seine a rendu, le 10 décembre 1852, un jugement par lequel il a repoussé le recours de voisinage contre MM. Peltier et Radais, les a condamnés seulement comme locataires responsables de l'incendie envers leur propriétaire en vertu de l'article 1733, a repoussé l'action de M. Barthélemy contre ses locataires puisque le feu n'avait pas commencé chez eux, et a condamné M. Barthélemy, en sa qualité de propriétaire et comme conséquence des engagements pris dans le bail fait à ses locataires, à rembourser à ces derniers le prix des travaux de réparation, et à les indemniser du trouble et du chômage causés par l'incendie de la maison voisine.

Voici la partie de ce jugement qui est relative à cette condamnation :

« Le Tribunal,

« En ce qui touche la demande de Gœdert et Ohnenberger, contre Barthélemy :

« Attendu que, aux termes de l'article 1720 du Code civil, le bailleur doit faire pendant toute la durée du bail toutes les réparations qui peuvent devenir nécessaires autres que les locatives ;

« Attendu, à la vérité, que par une clause du bail passé les 24 et 29 avril 1850, Dufour et son collègue, notaires à Paris, enregistré, il a été stipulé que les preneurs entretiendraient les bâtiments construits par eux-mêmes et ceux nouvellement élevés des grosses réparations, quelles qu'elles fussent, et supporteraient toutes charges quelconques, mais que cette stipulation exorbitante du droit commun ne doit s'entendre que des charges ordinaires et des grosses réparations prévues, et ne doit pas être étendue aux charges extraordinaires et aux réparations causées par des événements imprévus ;

« Attendu que le locataire est déchargé de la responsabilité de l'incendie lorsqu'il prouve que le feu a été communiqué par une maison voisine ;

« Attendu qu'il résulte du rapport de Rogé que le feu a pris dans les ateliers de Peltier et Radais ;

« Attendu que cette opinion, loin d'être détruite, est au contraire confirmée par le rapport de Delatanet, puisque cet expert a constaté que l'incendie a commencé au comble du hangar de Peltier ;

« Attendu que s'il y a incertitude sur les causes de l'incendie, il n'y en a pas sur le lieu où le feu a commencé ; que les deux rapports s'accordent parfaitement à dire que le feu a commencé dans le hangar loué à Peltier et Radais ;

« Attendu que les travaux à exécuter et l'indemnité que Gœdert et Ohnenberger réclament doivent être à la charge exclusive des propriétaires de la maison ;

« Relativement aux travaux :

« Attendu que le rapport de Roger est régulier en la forme et juste au fond ; que cet expert a fait une juste appréciation des travaux nécessaires et du prix qu'ils coûteront ;

« Quant aux dommages-intérêts :

« Attendu que Gœdert et Ohnenberger ont éprouvé un trouble dans la jouissance des lieux loués, et un préjudice dans leur commerce par suite des dégâts occasionnés par l'incendie ;

« Attendu que le Tribunal a les éléments nécessaires pour les évaluer ; qu'il convient de les fixer à une somme de quatre cents francs ;

« Attendu, en ce qui concerne la demande de Barthélemy contre Peltier, etc.,

« Joint les demandes, et statuant sur le tout par un seul et même jugement, entérine le rapport de Roger ; condamne Barthélemy à payer à Gœdert et Ohnenberger la somme de 829 fr. 17 c., avec les intérêts à 5 p. 100 par an, à compter du jour de la demande ; le condamne également à payer à Gœdert et Ohnenberger 400 francs à titre de dommages-intérêts, laquelle somme sera imputable sur les loyers. Rejette la demande, etc...

(Tribunal civil de la Seine (4e Chambre), aud. du 10 décembre 1852. *Journal des Assurances*, t. VI, p. 289.)

A cette condamnation, qui paraît basée sur l'erreur dans laquelle le propriétaire a pu être de bonne foi au début de l'instance engagée à la suite de l'incendie, il y a lieu d'ajouter celle qui a été prononcée contre un propriétaire pour cause de négligence ou d'imprudence, par le jugement ci-après du Tribunal civil de Lyon, dont le texte fait assez connaître les circonstances qui l'ont motivé :

« Le Tribunal,

« Attendu que les sieurs Ozier frères, locataires de la Compagnie de la rue Impériale, ayant leurs magasins à côté de la maison, ou de la partie de la maison de la même Compagnie, incendiée en février 1860, exercent une action contre ladite Compagnie, au prétexte que la voie publique aurait été embarrassée au-devant de leurs magasins, depuis le jour de l'incendie, et que leur vente journalière aurait été infiniment moindre, et leurs bénéfices considérablement réduits ;

« Attendu que cette prétention ne semble pas pouvoir être accueillie au point de vue des articles 1722 et 1724 du Code civil, sur lesquels se fondent les demandeurs, puisqu'on ne saurait admettre que la chose louée à ces derniers ait été détruite en totalité ou en partie, ni qu'elle ait eu à subir aucune espèce de réparations de plus ou de moins de quarante jours ;

« Mais, attendu qu'au point de vue des articles 1382 et suivants, combinés avec l'article 1719, il y a lieu de se demander si, dans les faits de la cause, il n'y aurait pas à reprocher à la Compagnie une faute, une imprudence, ou tout au moins une négligence de laquelle pût résulter un trouble dans la jouissance des preneurs ;

« Attendu qu'en suivant cet ordre d'idées, on serait conduit à une solution négative si la Compagnie de la rue Impériale eût fait procéder à la réparation du bâtiment incendié, aussi promptement qu'il était convenable et possible de le faire ; qu'en effet, les lois du bon voisinage et de la force des choses auraient dû contraindre les demandeurs à subir, sans se plaindre, quelques légères incommodités ;

« Mais qu'examen fait des circonstances de la cause et vu la nature des obligations particulières qui liaient la Compagnie envers ses locataires, il faut reconnaître qu'il y a eu, de la part de cette Compagnie, un retard trop prolongé à procéder aux réparations nécessitées par les ravages de l'incendie, ce qui a pu occasionner un trouble plus ou moins grave dans la jouissance des preneurs, et par suite, un dommage qui doit être réparé ;

« Attendu, quant à la fixation du chiffre de ce dommage, que la cause fournit des éléments suffisants d'appréciation ; que, dans la partie septentrionale des magasins des demandeurs, assez éloignée des bâtiments incendiés, la circulation ne paraît pas avoir été gênée ;

« Que, dans la partie méridionale des mêmes magasins voisine des lieux de l'incendie, le trottoir a été longtemps embarrassé par de nombreux étais, et qu'il l'est encore par une clôture ; qu'en cet endroit et de ce côté l'affluence des acheteurs a dû être moindre ;

« Par ces motifs,

« Le Tribunal condamne la Compagnie de la rue Impériale à payer à Ozier frères, avec les intérêts de droit, la somme de 1,300 francs pour les causes dont il s'agit. »

(Trib. Civ. de Lyon, 3e Chambre ; 10 décembre 1860 ; *Journal des Assurances*, année 1862, p. 14.)

La doctrine de l'arrêt est conforme à l'opinion des auteurs qui ont étudié la question de responsabilité du propriétaire envers ses voisins.

« Il n'y a de présomption légale, disent Grün et Joliat, que celle établie par une loi spéciale (article 1350 du Code civil); or il n'existe aucune disposition dans nos lois actuelles qui déclare de plein droit en faute celui dans l'habitation duquel l'incendie a pris naissance ; bien loin de là, l'article 624 du Code civil place l'incendie au rang des cas fortuits. Si le législateur a créé une présomption de faute contre le locataire, c'est pour donner au propriétaire la plus grande garantie possible.

« La règle générale qui s'applique aux incendies, et qui oblige à la réparation du dommage, est consacrée par les articles 1382 et 1383 du Code civil, mais à côté d'elle se trouve cette règle, qui soumet le demandeur à la preuve du fondement de sa prétention. « A la vérité, dit M. Merlin, cette maxime n'est pas exprimée dans ces articles ; mais qu'avait-elle besoin de l'être ? N'est-il pas dans la nature, dans l'ordre des choses et des idées, que celui qui réclame la réparation d'un dommage causé par un quasi-délit, soit tenu, comme celui qui se plaindrait d'un délit, de rapporter la preuve, non seulement du fait qui le constitue matériellement, mais encore de la faute, de l'imprudence ou de la négligence de l'individu qui l'a commise ? Cette maxime souffre des exceptions, sans doute, et le Code civil lui-même en a spécialement établi une par les articles 1733 et 1734. Mais n'oublions pas qu'il ne l'a établie que dans l'intérêt du propriétaire, et alors seulement que le propriétaire est demandeur en indemnité contre un ou plusieurs locataires habitant sa maison incendiée ; et l'on sait qu'une exception ne peut s'étendre au-delà des termes dans lesquels la loi l'a circonscrite. »

On objecte qu'il serait souvent impossible aux voisins incendiés de rapporter la preuve d'une faute ou d'une négligence, qui ne peut être connue que des habitants de la maison. Mais une simple considération, quelque puissante qu'elle soit, ne suffit pas pour créer une présomption légale qui serait de nature à donner lieu à de graves injustices ; il serait aussi difficile à l'habitant de la maison qui a communiqué le feu, de prouver le cas fortuit qu'à celui qui a été lésé à établir la faute ou la négligence ; entre ces deux intérêts, le législateur a dû craindre de faire peser une responsabilité, qui peut être si étendue, sur un individu également frappé par le malheur, lorsque sa faute n'aurait pas été clairement démontrée.

M. Proudhon, dans son excellent Traité des droits d'usufruit, approfondit cette question ; il enseigne que c'est uniquement dans le Code civil que l'on doit rechercher la solution des questions sur les incendies ; que la loi n'établissant la présomption de faute, sur le fait de l'incendie, qu'envers le locataire ou le preneur, cette présomption n'a point lieu dans la cause de tout autre possesseur ou détenteur de la maison d'autrui ; qu'ainsi « cette présomption ne doit point avoir lieu contre le propriétaire habitant sa maison, dans le cas où l'incendie qui s'y est manifesté s'est ensuite communiqué aux maisons voisines. »

Cette opinion a été consacrée par les cours de Riom (5 mai 1809, Sirey, t. 10. 2. 65) ; de Turin (8 août 1809, Sirey, t. 11. 2. 114) ; de Caen (27 août 1819, Sirey, t. 19. 2. 257) ; de Paris (27 janvier 1824, Sirey, t. 24, 2. 298 ; autre du 16 mai 1825) ; de Grenoble (22 janvier 1824, Sirey, t. 24. 2. 299) ; de Pau (6 juillet 1825), Dalloz (1826, 2. 6) ; de Nancy (19 juillet 1825), Dalloz (1826, 2. 176), et, enfin, par la Cour de cassation, le 18 décembre 1827, dans un arrêt rendu sur le pourvoi formé contre un jugement en dernier ressort du Tribunal de Saint-Pol, qui avait refusé à une Compagnie d'assurance, subrogée aux droits d'un voisin, son assuré, le bénéfice de la présomption tirée de l'article 1733.

« Attendu, est-il dit dans ce dernier arrêt, que l'action que peut avoir le propriétaire dont la maison est brûlée par l'effet de la communication du feu, venant de chez le voisin, où l'incendie a commencé, est réglée par les dispositions générales des articles 1382, 1383 et 1384 du Code civil ; que c'est sur ces trois articles de la loi que les demandeurs ont fondé leur action et que leur pourvoi est basé ; qu'il est de principe général que celui qui demande la réparation du dommage causé par un quasi-délit est tenu, comme celui qui se plaint d'un délit, même de rapporter la preuve du fait qui constitue le quasi-délit, ou de la faute, ou de l'imprudence, ou de la négligence sur laquelle il fonde son action ; que *la présomption légale* de faute, en matière d'incendie, *n'a été établie* par les articles 1733 et 1734 du Code civil, contre les locataires *que dans le seul intérêt du propriétaire* de la maison louée, et cela par une suite des obligations spéciales du preneur envers le bailleur, et des soins qu'il doit, comme dépositaire, apporter à la conservation de la chose ; que les juges qui ont rendu le jugement attaqué, en se fixant à ses règles de droit, et en déclarant que les faits allégués par la Compagnie du Phénix, pour établir que l'incendie dont il s'agissait devait être attribué à la négligence ou imprudence du sieur de Béhague, n'avaient rien de concluant, puisque quand ils seraient prouvés s'être passés de la manière indiquée par les conclusions subsidiaires des demandeurs, *on ne pourrait trouver dans ces circonstances la preuve que l'incendie aurait eu lieu par le fait, imprudence ou négligence du sieur de Béhague* ; qu'en cela, les juges du Tribunal de Saint-Pol n'ont, d'une part, fait autre chose qu'apprécier des faits et circonstances, et ont, d'autre part, fait une juste application des principes de la matière ; Rejette. » (Grün et Joliat ; — Traité des Assurances terrestres (page 454.)

Il a été établi suffisamment par ce qui précède : qu'il n'existe contre le propriétaire, dans ses rapports avec ses voisins, aucune présomption de responsabilité pour le cas d'incendie : que tout au plus l'article 1386 le constitue responsable des dommages causés par la ruine de sa maison, arrivée par vice de construction ; d'où résulte l'obligation pour le voisin demandeur en réparation de dommages occasionnés par un incendie attribué par lui à un vice dè construction, de prouver :

1° Qu'il existait dans la maison incendiée, un vice de construction ;

2° Que ce vice de construction a été la cause de l'incendie ;

Et 3° Que ce vice de construction est imputable au propriétaire.

Il doit prouver que le vice de construction a causé l'incendie, parce que l'on ne peut admettre de simples conjectures et que l'on ne peut conclure d'un vice de construction, subsistant après l'incendie et susceptible de le déterminer, à l'existence d'un vice semblable, antérieur à l'incendie dans la partie de l'immeuble détruite, et capable d'avoir été la cause de cet incendie.

Et il doit prouver que le vice de construction, cause de l'incendie, est imputable au propriétaire qui n'avait pu, comme nu-propriététaire ou comme bailleur, prévoir ni empêcher l'acte d'un usufruitier ou d'un locataire, car ce dernier peut n'en être que le possesseur apparent. Il arrive souvent, en effet, dans les villes surtout, que le propriétaire a loué sa maison pour plusieurs années, qu'il en a, ainsi, perdu la surveillance pendant un certain temps, et que le locataire a, pendant sa jouissance et pour sa commodité, modifié l'état des lieux dans lesquels il a pris la maison et créé, à l'insu du propriétaire, le vice de construction qui a donné naissance à l'incendie et dont il se trouve ainsi seul responsable.

Dans ce cas, le propriétaire ne peut être actionné par le voisin ; le locataire seul doit être mis en cause, car c'est à lui seul que le vice de construction est imputable ; et si ce locataire est ou devient insolvable, aucune action en garantie ne peut être dirigée contre le propriétaire.

Nous parlons, bien entendu, du cas où le locataire, auteur du vice de construction, occupe encore les lieux au moment de l'incendie, soit par lui-même soit par un cessionnaire, et où son bail est encore en vigueur ; car si le bail avait cessé au jour où éclate l'incendie causé par le vice de construction, et après que le propriétaire a repris possession des lieux loués, sans faire aucune réserve pour cause des changements apportés par le locataire dans la disposition des lieux loués tels qu'ils existaient au commencement de sa location, ce locataire serait devenu étranger aux conséquences de l'incendie et ne pourrait pas plus être recherché par le voisin que par son ancien propriétaire.

Mais de ce que le vice de construction qui a causé l'incendie doit être imputable au propriétaire de la maison qui l'a communiqué, pour qu'il en soit responsable, il ne s'ensuit pas que ce dernier soit affranchi de toute responsabilité tant qu'il n'est pas prouvé qu'il en est lui-même l'auteur. Le principe général posé dans les articles 1382 et 1383 du Code civil, et dont l'article 1386 fait l'application au vice de construction, serait trop souvent éludé si le voisin était obligé de faire cette preuve et si les dispositions de ce dernier article n'y mettaient obstacle. Que le vice de construction ait été créé par le propriétaire lui-même ou par l'un de ses auteurs, par un vendeur ou par un locataire dont le bail a cessé, la situation est la même pour le propriétaire s'il résulte des preuves faites par le voisin, et dont l'appréciation est laissée aux tribunaux, que le vice de construction qui a causé l'incendie était, au moment de l'incendie, en sa possession comme propriétaire. On ne peut exiger davantage du voisin, et si le défaut de présomption l'oblige à faire la preuve, celle-ci, quand elle est nette et précise, entraîne la responsabilité du propriétaire, auteur ou non du vice de construction, même de celui qui en aurait ignoré l'existence, et quand même ce vice n'aurait causé aucun dommage à l'immeuble dans lequel il se trouvait.

C'est ce qui a été jugé par le Tribunal civil de Lyon dans des circonstances qui ressortent des termes du jugement ci-après :

« Le Tribunal,

« Attendu que, pendant la nuit du 4 au 5 février 1876, un incendie a éclaté dans les magasins des sieurs Pierroux et Marmorat, situés au rez-de-chaussée de la maison n° 6, quai de Retz, appartenant au sieur Meynard, et contiguë à la maison sise quai de Retz, n° 4, appartenant aux époux Groseiller ;

« Attendu qu'il résulte des constatations relevées par les experts chargés de déterminer la cause du sinistre, que, vers le mois de décembre 1875, le sieur Girodon, locataire des époux Groseiller, avait établi dans son logement du rez-de-chaussée un poêle dont le tuyau, élevé de plus de deux mètres, fut dirigé dans une gaîne de cheminée qui régnait le long du mur séparatif des deux maisons ;

« Que le fumiste de Girodon, pour activer le tirage, plaça dans la gaîne une cloison transversale, à vingt-sept centimètres au-dessous du point où le tuyau du poêle aboutissait, et qu'il se forma ainsi, entre le tuyau et la cloison, une sorte de poche dans laquelle la suie put se déposer et s'accumuler ; de telle sorte qu'une flammèche étant venue à tomber dans ce paquet de suie dut y mettre le feu ;

« Attendu que, tout à côté de ce foyer d'incendie, aboutissait une porte de la maison Maynard, traversant le mur mitoyen, et arrivant jusqu'à la gaîne de la cheminée, dont elle n'était séparée que par une brique ;

« Que cette brique avait eu primitivement une épaisseur de sept centimètres ; mais que, à la longue, par vétusté ou sous les coups des ramoneurs, elle avait fini par s'amincir, par se trouer, et par laisser, entre la poutre et la gaîne, une communication sur un espace de dix centimètres de hauteur par six centimètres de largeur ;

« Attendu que cette communication a suffi pour que le foyer allumé dans la gaîne consumât la poutre dans sa prise, et pour que, de là, l'incendie s'élançât le long de la poutre, dans les magasins de MM. Pierroux et Marmorat, papetiers ;

« Attendu que cette explication du sinistre est la seule qui se concilie avec la situation des lieux et avec les renseignements recueillis par les experts ; que chacune des autres hypotèses, successivement examinées par les hommes de l'art, aboutit à des impossibilités ;

« Que notamment, la combustion de la poutre consumée entièrement dans sa prise fermée, et beaucoup moins atteinte dans sa longueur où elle était pourtant à l'air libre, ne peut se comprendre autrement que par l'action d'un foyer existant dans l'endroit même où la poutre était enfoncée, c'est-à-dire dans la gaîne de la cheminée ;

« Attendu que, dans cet état des faits, la responsabilité de la faute présumée contre le locataire ne peut retomber sur les sieurs Pierroux et Marmorat, puisque, aux termes de l'article 1733 du Code civil, le locataire cesse de répondre de l'incendie lorsqu'il prouve que le feu a été communiqué par une maison voisine, et puisqu'*il est acquis que le feu a pris naissance* dans la gaîne de la cheminée construite contre le mur mitoyen du côté de la maison Groseiller ;

« Mais, en ce qui concerne l'action dirigée contre les époux Groseiller et contre la Compagnie la Mutuelle, qui les représente, par le sieur Maynard ou par la Compagnie la Nationale, son assureur ;

« Attendu qu'on ne saurait attribuer l'incendie à un cas fortuit ; qu'à la vérité, suivant les experts, il est infiniment probable, et même presque assuré, que, sans la cloison qui a été placée dans la gaîne au-dessous de l'attache du tuyau du poêle, et qui a déterminé la formation d'un amas de suie, le feu n'eût pas pris ;

« Mais que cette affirmation des experts ne suffit pas pour donner à la cause de l'incendie le caractère d'un cas fortuit, c'est-à-dire d'un accident survenu sans aucune faute et en dehors de toute prévision ;

« Que si, en effet, l'emploi de la cloison qui a été la cause occasionnelle du sinistre n'a constitué aucune faute, parce qu'elle était en elle-même inoffensive, il en était autrement de la disposition qui laissait pénétrer, jusqu'à la gaîne de la cheminée, une poutre mal défendue contre la carbonisation ; qu'il y avait là un danger permanent, dont les conséquences possibles n'étaient nullement difficiles à prévoir ;

« Attendu qu'en vertu du principe consacré par l'article 1386 du Code civil, *le vice de la construction est une faute dont la responsabilité* retombe sur le *propriétaire* de la maison qui a communiqué le feu à l'immeuble voisin, et que cette responsabilité pèse directement sur le propriétaire actuel, *qu'il soit ou non l'auteur de la construction vicieuse, sauf, dans le dernier cas, son recours contre son vendeur ou tout autre prédécesseur ou ayant-cause ;*

« Attendu qu'on ne saurait se refuser à reconnaître *un vice de construction dans le rapprochement de la gaîne et de la poutre* plus haut décrites, et qu'il est constant, d'après le rapport des experts, que cette disposition a été le *fait du propriétaire de la maison n° 4, ou de ses auteurs ;*

« Qu'en effet, en recherchant si le placement de la poutre était contemporain de la construction de la gaîne, les experts ont été amenés à reconnaître qu'alors que la poutre dont il s'agit avait déjà été placée par le propriétaire de la maison n° 6, les *mariés Groseiller* ou *leurs auteurs*, ou *leurs locataires dont ils répondent*, avaient entamé après oup le mur séparatif pour y encastrer la gaîne de la cheminée, et que, rencontrant la poutre qui traversait la muraille, *ils s'étaient contentés de la séparer de la gaîne par une brique ;*

« Qu'il est vrai que les experts font remarquer que cette précaution est ordinairement jugée suffisante ; mais qu'une telle appréciation ne saurait être acceptée sans réserve ;

« Que l'article 674 du Code civil oblige celui qui veut construire près d'un mur mitoyen ou non, cheminée ou âtre, à faire les ouvrages prescrits par les règlements et usages, pour éviter de nuire au voisin, et qu'il n'est pas admissible que la simple apposition d'une brique, dans de telles conditions, soit conforme aux usages pas plus qu'aux règles de l'art ;

« Attendu que vainement on prétend que la brique était suffisante et que sa perforation, cause de l'incendie, n'a été due qu'à un défaut d'entretien dont le propriétaire n'était pas responsable, parce que la dégradation était impossible à surveiller ;

« Que, s'il en était ainsi et si, en effet, la surveillance était impossible, la faute consistant dans un vice de construction, tel qu'on ne pouvait y remédier par un entretien ultérieur, n'en serait que plus démontrée ;

« Le Tribunal, ouï les avoués et avocats des parties et le ministère public par M. de Brix, jugeant en matière ordinaire et en premier ressort ;

« Dit que la demande formée par la Compagnie la Nationale est mal fondée au regard de la Compagnie l'Aigle et de ses assurés, les sieurs Pierroux et Marmorat ;

« Qu'en conséquence, la Compagnie l'Aigle, de même que Pierroux et Marmorat, sont purement et simplement renvoyés des fins de la demande dirigée contre eux par la Compagnie la Nationale ;

« Condamne la Compagnie d'assurances mutuelles à payer et rembourser à la Compagnie la Nationale : 1° la somme de 12,143 fr. 35 c., montant des dommages causés à l'immeuble Meynard, et qui a été payée à son assuré par ladite Compagnie la Nationale ; 2° les intérêts de droit ;

« Condamne la Compagnie d'assurances mutuelles en tous les dépens, dans lesquels entreront ceux de référé et d'expertise. »

(Tribunal civil de Lyon, 1re Chambre ; présidence de M. Brigueil ; audience du 19 décembre 1876 ; *Journal des Assurances* ; 28e année, p. 91.)

Ce jugement, appuyé sur des preuves précises et circonstanciées, a fait une juste application des règles de la responsabilité du propriétaire envers ses voisins, ainsi que des prescriptions de l'article 657 du Code civil, qui permet d'asseoir des poutres dans toute l'épaisseur du mur mitoyen, à 0m054 près, sauf au voisin à faire réduire la poutre à l'ébauchoir dans le cas où il voudrait adosser dans le même lieu une cheminée, prescriptions dont l'inobservation constatée dans le rapport des experts a pu, à bon droit, être considérée par les juges comme constituant un vice de construction.

Incendie des améliorations faites par le locataire devant, en fin de bail, profiter au propriétaire. — La responsabilité du locataire vis-à-vis du propriétaire, à raison de l'incendie survenu dans les lieux loués, s'étend aux dégâts causés aux améliorations et constructions qu'il avait le droit de faire, d'après les termes du bail, et qui, en fin de bail, devaient revenir sans indemnité au propriétaire.

Ces améliorations et constructions nouvelles doivent participer indirectement, avec les constructions primitives, aux bases diverses concourant à établir d'après la valeur des parties sauvées de l'incendie et le prix des travaux de déblais et autres, l'indemnité à allouer au propriétaire.

Le locataire doit également tenir compte du prix du bail ainsi résilié par suite d'un événement qui engage sa responsabilité, pendant tout le temps nécessaire à la relocation des lieux incendiés.

Ainsi jugé par la 1re Chambre de la Cour de Paris, le 17 janvier 1879.

Il s'agissait dans la cause de déterminer, en dernier lieu, la situation respective des propriétaires et locataires à la suite de l'incendie qui a presque complètement détruit, en février 1873, l'immeuble dans lequel s'exploitait la Raffinerie parisienne, à la Villette.

A la date du 13 avril 1877, le Tribunal civil de la Seine avait statué en ces termes :

« Le Tribunal,

« Attendu que le jugement du 22 mai 1874, en même temps qu'il commettait Bailly de Metz et Ponthieu comme experts, a mis Pouet hors de cause et soumis définitivement Halphen ès nom à garantir Moitessier et Knight des conséquences de la demande de de Ribes ;

« Qu'il s'ensuit que le débat se circonscrit aujourd'hui entre ce dernier et Halphen ;

« Attendu que, dans le dernier état des conclusions des parties, ce débat est relatif à une demande principale de de Ribes, en paiement de deux sommes, l'une de 276,960 francs, l'autre de 64 fr. 11 c. ; soit ensemble 277,024 fr. 85 c., et à une demande reconventionnelle de Halphen, tendant : 1° au paiement à ce dernier, par de Ribes, de la différence entre les intérêts servis par la Caisse des consignations de la somme qui excédera celle mise à la charge d'Halphen par le Tribunal, et les intérêts à 6 0/0 dudit excédant ; 2° à la réduction au taux réglementaire de la caisse des intérêts moratoires à payer par Halphen sur le montant des condamnations qui seront prononcées contre lui ;

« Attendu que le premier élément de la somme de 277,024 fr. 84 c., réclamée par de Ribes, se compose de celle de 140,278 fr. 94 c., représentant, d'après l'évaluation des experts, l'importance des constructions élevées par le propriétaire et livrées par lui à la Raffinerie parisienne ;

« Attendu qu'aux termes du bail des 18 et 19 décembre 1868, les preneurs pouvaient faire, dans les lieux et dans les bâtiments loués, tous changements, percements de gros murs et de planchers, et généralement les gros travaux de toute nature et toutes les constructions nouvelles qu'ils jugeraient convenables, à la charge par eux de conserver et maintenir à toute époque de leur jouissance sur les lieux loués, l'objet du bail, des bâtiments de nature et de valeur égales à ceux qui leur étaient loués et qui appartenaient aux bailleurs ;

« Attendu qu'il résulte de cette clause que, dans l'intention des parties, les bâtiments loués n'étaient pas considérés comme corps certain, mais bien comme choses fongibles ;

« Que les preneurs ne devaient pas être tenus, à l'expiration du bail, de les restituer *in specie*, mais seulement *in valore*, et que la valeur, dont ils étaient ainsi constitués comptables, pourrait être fournie par eux tant en construction que dans le cas d'insuffisance en argent ;

« Attendu que cette interprétation n'a jamais fait difficulté entre les parties ;

« Qu'en effet, les experts constatent que, usant de la faculté à eux consentie, MM. Moitessier et Ce, et ensuite M. Halphen, ont fait démolir plusieurs des bâtiments appartenant à M. de Ribes et en ont fait édifier de nouveaux ;

« Que ces agissements n'ont donné lieu à aucune protestation de la part de de Ribes ;

« Qu'il a, par cela même, renoncé à discuter la nature et la composition de l'indemnité qui devrait lui être attribuée lors de l'expiration du bail ;

« Attendu qu'il n'y a pas de contestation entre les parties sur la consistance des constructions épargnées par l'incendie ;

« Qu'en faisant abstraction de celles qui sont avariées et hors d'usage, en se restreignant à celles qui sont intactes et utilisables et en se référant, d'ailleurs, aux chiffres adoptés par les experts, on trouve, en bâtiments élevés par le propriétaire, une valeur de 49,425 fr. 25 c., et, en bâtiments ajoutés par les locataires, une valeur de 55,220 fr. 33 c., réduites par les conclusions d'Halphen à 55,160 fr. 35 c. ;

« Qu'ainsi, le sauvetage total représente une importance de 104,585 fr. 50 c. ;

« Attendu, sans doute, que les édifices conservés ont été dépréciés par la destruction de l'ensemble ;

« Que l'évaluation des experts pourrait donc paraître exagérée si ces édifices avaient été considérés au point de vue de leur ancienne destination et comme pouvant y servir encore ;

« Mais attendu que pour évaluer le sauvetage les experts ne se sont pas placés à ce point de vue ;

« Qu'ils ont apprécié les constructions de toute origine, en recherchant seulement le montant des dépenses à faire pour les édifier telles qu'elles se poursuivaient et comportaient au moment de l'incendie ;

« Attendu, d'ailleurs, qu'en adhérant pour ses propres constructions à l'estimation des experts, M. de Ribes a évidemment accepté leur système général de calcul ;

« Attendu, en conséquence, que sur la somme de 140,278 fr. 94 c., par lui due à de Ribes pour représentation des bâtiments provenant de celui-ci, Halphen est en droit d'imputer une valeur immobilière de 104,585 fr. 50 c. ;

« Que sa dette, en argent, se réduit à 35,693 fr, 84 c. ;

« Attendu, au surplus, que l'importance de cette dette ne pourrait être modifiée par le fait articulé par de Ribes et dénié par Halphen ;

« Que ce dernier aurait reçu des Compagnies d'assurances une indemnité afférente aux constructions ;

« Que de Ribes n'a pas à rechercher ce que Halphen a pu recevoir, mais ce qu'il a lui-même droit d'exiger ;

« Attendu que le deuxième chef de la demande principale est relatif aux améliorations introduites dans les lieux par les preneurs ;

« Que de Ribes leur demande compte de la valeur de ces améliorations, qu'il fonde sur la clause du bail, qui porte que toutes les améliorations qui seront faites au bâtiment appartenant à de Ribes lui resteront à la fin du bail, sans indemnité ;

« Mais attendu que si cette clause obligeait des locataires à abandonner gratuitement au propriétaire des améliorations qui existeraient à la fin du bail, elle ne les obligeait ni à en créer, ni à respecter, pendant le bail, celles qu'ils auraient pu opérer ;

« Qu'à l'égard des améliorations, comme des bâtiments auxquels elles se seraient appliquées, les preneurs étaient investis par la première clause citée du droit absolu de faire tous changements qu'ils aviseraient ;

« Attendu que s'il dépendait des preneurs de supprimer *ad mutum* les améliorations par eux faites, il est évident *à fortiori* que la destruction résultant d'un cas fortuit ne pouvait donner lieu à aucune réclamation de la part du bailleur ;

« Attendu, en fait, que cette destruction a précédé l'expiration du bail, puisque celle-ci n'a été que la conséquence de l'incendie qui avait fait disparaître les améliorations avec les bâtiments eux-mêmes ;

« Attendu que les motifs qui précèdent enlèvent tout intérêt à l'examen du point de savoir s'il y a lieu de comprendre parmi les simples améliorations la surélévation de trois étages faite par Halphen de deux bâtiments anciens, et si l'on doit de ce chef, ajouter la somme de 53,430 fr. ou tout au moins, après réduction de 30 0/0, celle de 38,401 fr. 26 c. à celle de 29,690 fr. 37 c., arbitrée par les experts ;

« Attendu que la troisième réclamation de de Ribes se réfère à la privation de droit d'option, qui lui avait été attribuée par le bail à l'égard de constructions nouvelles ;

« Attendu que les motifs qui viennent d'être invoqués s'appliquent également à ce troisième chef de la demande ;

« Attendu, en effet, que la clause qui conférait à de Ribes la faculté de reprendre, à la fin du bail, en tout ou en partie, les constructions nouvelles élevées par les locataires en en payant le prix, à dire d'expert, n'imposait aucunement aux preneurs l'obligation, ni d'édifier les constructions nouvelles, ni de laisser, en fin de bail, celles qu'ils auraient édifiées ;

« Que le droit d'option, ouvert à de Ribes par le bail, ne devait s'exercer qu'autant qu'en fait il existerait, aux termes des relations des parties, des bâtiments additionnels ;

« Que les travaux des locataires ayant été détruits en tout ou en partie par l'incendie, le droit d'option s'est évanoui sans indemnité pour le propriétaire, dans la mesure de la destruction ;

« Attendu, en quatrième lieu, que tout en déclarant que les experts estiment à juste titre que les baux ont été résiliés par l'incendie, de Ribes réclame d'Halphen une indemnité égale à l'ancien loyer, soit de 19,250 fr. par an, depuis le 1er janvier 1873 jusqu'au 1er juillet 1876, en tout 67,375 francs ;

« Qu'il fonde cette réclamation : 1° sur le prolongement de l'occupation d'Halphen jusqu'au 1er juillet 1875 ; 2° sur l'impossibilité où il se serait trouvé de relouer avant le 1er juillet 1876 ;

« Attendu, premièrement, que, comme l'ont pensé les experts, les lieux dans lesquels Halphen a prolongé son occupation ne peuvent être considérés que comme terrain nu, comme chantier ou dépôt de matériaux ;

« Que la compensation de l'occupation doit être déterminée en conséquence ;

« Attendu, deuxièmement, que les experts ont fixé au 1er juillet 1875 l'époque où de Ribes a repris la libre disposition de sa propriété, et où a disparu tout obstacle à une relocation que de Ribes avait été, dès à présent, maître de préparer ;

« Attendu qu'en fixant à 10,000 francs l'indemnité à lui due pour privation de jouissance, les experts en ont fait une appréciation équitable, et que cette appréciation, acceptée par Halphen, doit être consacrée par le Tribunal ;

« Attendu que la cinquième prétention de de Ribes concerne les frais de déblai des terrains occupés par l'usine incendiée, et de démolitions des constructions subsistantes ;

« Qu'il réclame de ce chef une somme de 18,731 fr. 60 c. ;

« Attendu d'abord, qu'en toute hypothèse, il y aura lieu de retrancher de cette somme celle nécessaire pour la démolition de la partie des constructions susénoncées, qui ont été élevées par les locataires ; que sans doute, en vertu du bail, le bailleur avait le choix de conserver les bâtiments édifiés par les preneurs, ou d'en exiger la démolition à leurs frais ;

« Mais que c'est à la fin du bail que cette option devait s'exercer, que le bail a pris fin par suite de l'incendie dès le 28 février 1873, la déclaration faite par de Ribes le 1er juin 1875 a donc été tardive et n'a pu modifier la situation fixée par son silence antérieur ;

« Attendu d'ailleurs, et à un point de vue général, que le bail n'imposait aux preneurs d'autres charges que celles de conserver et de maintenir à toute époque de leur jouissance, sur les lieux faisant l'objet dudit bail, des bâtiments de nature et de valeur égales à ceux qui leur étaient loués ;

« Que, comme il a été dit, il sera pourvu à l'acquittement intégral de cette obligation, par la remise au bailleur d'une valeur de 140,278 fr. 94 c., composée ainsi qu'il a été expliqué ;

« Qu'on ne pourrait imposer, en outre, aux bâtiments, des frais de déblai et de contrat, sans élever arbitrairement le chiffre de leur dette ;

« Attendu que de Ribes prétendait en vain faire résulter cette élévation de la responsabilité encourue par les preneurs, à raison de l'incendie ;

« Attendu, en effet, qu'aux termes de l'article 1733 du Code civil, le locataire est affranchi de cette responsabilité par la preuve du caractère fortuit de l'incendie ;

« Que ce caractère est reconnu dans l'espèce par de Ribes, puisque, par ses conclusions, il a, ainsi qu'il a été dit, adhéré explicitement à l'avis des experts, relatif à la résiliation du bail, et puisque cette résiliation ne pouvait, suivant l'article 1722, être la suite juridique d'une destruction par cas fortuit ;

« Attendu qu'il n'est pas permis, par conséquent, de faire peser sur Halphen d'autre obligation que son obligation contractuelle ;

« Attendu que les derniers chefs de demande de de Ribes se rapportent à des frais de vidange et de balayage, et une indemnité pour infiltrations à travers la toiture d'un hangar ;

« Quant aux frais de vidange :

« Attendu que Halphen se reconnaît débiteur de ces frais, s'élevant à 1,192 fr. 33 c. ;

« Quant aux frais de balayage :

« Attendu qu'ils sont mis par les experts à la charge d'Halphen, mais seulement jusqu'au 1er juillet 1875 et proportionnellement à l'indemnité de location de 10,000 francs, due par lui pour son occupation prolongée ; que l'importance totale de ces frais étant de 645 fr. 25 c., la part proportionnelle incombant à Halphen doit être fixée à 100 francs ;

« Quant aux infiltrations :

« Attendu qu'il résulte du rapport de Bailly, expert, déposé le 16 mai 1876 :

» Que les infiltrations sont le résultat d'un défaut de réparation exclusivement imputable à la société dite Raffinerie parisienne, qu'Halphen, ès noms, doit donc supporter le montant des réparations, réglé par l'expert à 64 fr. 11 c. ;

« Sur la demande reconventionnelle :

« En ce qui touche les intérêts de la somme qui va être allouée à de Ribes :

« Attendu que le demandeur n'a fait qu'user de son droit en pratiquant des saisies-arrêts, et pour sûreté de cette somme, que l'exercice d'une faculté légale ne peut entraîner contre lui une pénalité ;

« Qu'au surplus, la disposition de l'article 1153 du Code civil est générale et absolue ;

« En ce qui touche les intérêts de la différence entre la condamnation qui va être prononcée contre Halphen et la somme de 160,000 fr. retenue à la caisse par suite des saisies-arrêts :

« Attendu qu'en étendant ces oppositions à cet excédant, de Ribes a dépassé son droit et causé à Halphen un préjudice dont il lui doit réparation ;

« Que ce préjudice doit être évalué à la différence entre l'intérêt servi par la caisse depuis le dépôt et l'intérêt légal, soit à 5 0/0, dudit excédant ;

« PAR CES MOTIFS,

« Condamne Halphen à payer à de Ribes la somme de 47,049 fr. 18 c., composée de : Déficit sur les bâtiments remis à de Ribes, 35,693 fr. 34 c. ; indemnité pour non-jouissance, 10,000 fr. ; frais de vidanges, 1,192 fr. 33 c. ; frais de balayage, 100 francs ; indemnité pour infiltrations, 64 fr. 11 c. ; soit, au total, 47,049 fr. 78 c ; le tout avec les intérêts, tels que de droit ;

« Dit que ladite somme, tant en principal qu'en intérêts, sera prélevée par de Ribes sur la somme de 160,000 francs, déposée à la caisse par Halphen, le 25 octobre 1873, avec affectation spéciale au paiement de la créance de de Ribes ; autorise Halphen à retirer l'excédant, à faire lequel paiement, sera le directeur de la caisse, contraint, quoi faisant déchargé ;

« Reçoit Halphen reconventionnellement demandeur ; ce faisant, condamne de Ribes à payer à Halphen la différence entre l'intérêt servi par la caisse sur l'excédant susénoncé et l'intérêt à 5 0/0 dudit excédant ;

« Sur le surplus des demandes, fins et conclusions respectives des parties, les met hors de cause ;

« Condamne de Ribes et Halphen chacun à la moitié des dépens, dans lesquels entreront ceux de référé et d'expertises. »

Appel principal par M. le comte de Ribes.

Appel éventuel par MM. Moitessier et Knight.

Me OSCAR DE VALLÉE, avocat, plaide pour M. de Ribes ; Me DEBACQ pour MM. Moitessier et Knight ; Me NICOLET pour M. Halphen, en qualité d'administrateur de la Raffinerie parisienne.

Conformément aux conclusions de M. l'avocat général HÉMAR, la Cour a prononcé comme suit :

« LA COUR,

« Considérant que le principe de la responsabilité qui incombe à la société de la Raffinerie parisienne n'est, devant la Cour, l'objet d'aucune contestation entre les parties ; que le débat porte uniquement sur le chiffre de l'indemnité réclamée par de Ribes ;

« Considérant qu'étant tenue de restituer au propriétaire les bâtiments loués dans l'état où elle les avait reçus, la Raffinerie parisienne doit, en premier lieu, l'indemniser de tout le dommage qu'il a éprouvé par suite de la ruine et des dégradations causées par l'incendie ; qu'à cet égard les parties sont d'accord pour admettre avec les experts la somme de 140,278 fr. 94 c., comme représentant la valeur des constructions qui ont fait l'objet du contrat de bail ; que cette évaluation doit servir de point de départ au règlement de l'indemnité ;

« Considérant, en outre, que par une clause expresse du bail il a été stipulé que toutes les améliorations qui seraient faites aux bâtiments appartenant à de Ribes lui resteraient, à la fin du bail, sans indemnité ; que les experts ont estimé à la somme de 29,690 fr. 37 c. les améliorations faites par la Société locataire ; que cette plus-value était acquise au propriétaire au moment où l'incendie a amené la résiliation du bail par la destruction de la chose ; qu'en ayant été privé par un fait dont la Raffinerie parisienne est responsable, il est en droit d'exiger d'elle la réparation d'un dommage qui est, comme la perte des bâtiments eux-mêmes, une suite immédiate et directe de l'incendie ;

« Considérant enfin que le bail ayant été résilié par suite d'un événement qui engage la responsabilité de la société locataire, celle-ci est tenue, aux termes de l'article 1760, de payer le prix du bail pendant le temps nécessaire à la relocation ; que ce temps doit être d'autant plus largement calculé que l'incendie ayant eu lieu le 28 février 1873, la Raffinerie parisienne a néanmoins continué d'occuper les lieux jusqu'au 1er juillet 1875 ; qu'elle n'a fait à de Ribes aucune offre d'indemnité ; qu'elle a contesté son droit à toute réparation et l'a ainsi réduit à l'impuissance de reconstituer son usine ; que, dans ces circonstances, il convient de la condamner à payer trois années de fermage, du 28 février 1873 au 28 février 1876, soit la somme de 57,750 francs en expliquant toutefois que dans cette somme demeurent confondus tous loyers qui pouvaient rester dus, ainsi que les frais de balayage, et que les intérêts de l'indemnité ne devront courir que du 28 février 1876 et non du jour de la demande comme de Ribes y conclut;

« Considérant qu'il n'y a pas lieu de tenir compte de la perte du droit que de Ribes s'était réservé par le bail de reprendre en tout ou en partie les constructions nouvelles élevées par les locataires, en en payant la valeur à dire d'experts; qu'à raison de son caractère éventuel et aléatoire, cette faculté d'option n'est pas susceptible d'une évaluation juridique; que, d'ailleurs, l'appelant a expressément abandonné ce chef de prétentions;

« Considérant qu'après avoir ainsi établi les causes et l'importance du dédommagement dû à de Ribes, il reste à déterminer, pour la faire venir en déduction, la valeur des constructions et matériaux qui subsistent après l'incendie; que, pour cette évaluation, aucune distinction ne doit être faite entre les bâtiments remis à loyer par le propriétaire et les constructions nouvelles élevées par la société locataire, soit parce que celle-ci n'a fait qu'user du droit qu'elle s'était réservé par le bail, soit parce que de Ribes en profite indistinctement;

« Mais qu'il importe en même temps de prendre en considération l'état de dégradation et de délabrement des parties subsistantes, l'impossibilité d'en tirer un parti utile dans leur condition actuelle, la nécessité de dépenser des sommes considérables en travaux de vidange, de déblais, de démolitions, de réparations et de constructions nouvelles, afin de reconstituer les bâtiments en corps d'usine de nature et valeur égales, comme les locataires s'étaient chargés de la conserver et maintenir à toute époque de leur jouissance;

« Que de l'état présent des lieux tel qu'il appert des documents de la cause, il résulte que la valeur des matériaux et des bâtiments susceptibles d'être utilisés compense la perte des améliorations dont le propriétaire a été privé;

« Que l'indemnité qui lui revient est ainsi ramenée, pour toutes causes de dommages, à la somme de 140,278 fr. 94 c. pour la valeur des bâtiments et à celle de 57,750 francs pour trois années de relocation;

« D'où il suit que la somme de 160,000 francs séquestrée à la Caisse des dépôts et consignations étant insuffisante, la demande reconventionnelle de la Raffinerie parisienne manque de base;

« Faisant droit à l'appel et réformant, déchargeant l'appelant des condamnations qui lui font grief, condamne Halphen ès qualité à payer à de Ribes en sus de la somme de 47,049 fr. 78 c., portée au jugement de première instance, celle de 150,979 fr. 16 c., avec intérêts pour les deux sommes seulement à partir du 28 février 1876; autorise de Ribes à retirer de la Caisse des consignations la somme de 160,000 fr., y déposée à la conservation de ses droits, ensemble tous accessoires, à quoi faire sera le directeur de ladite Caisse contraint, quoi faisant déchargé ;

« Dit que la demande recevant ainsi satisfaction, il n'y a lieu de statuer à l'égard de Moitessier et Knight, prononce mainlevée de l'amende et condamne Halphen ès qualité aux dépens de première instance et d'appel. »

Incendie des lieux loués. — Voyez : *Risques locatifs.*

Incendie d'un immeuble dont les impenses pour améliorations doivent profiter au propriétaire. — Voyez : *Impenses et améliorations faites aux lieux loués devant profiter au propriétaire et détruites par un incendie.*

Indemnité locative en cas de démolition et reconstruction d'un mur mitoyen. — Quand un mur mitoyen est démoli et réédifié, le propriétaire reconstruisant et celui qui subit la reconstruction sont passibles de dommages-intérêts l'un vis-à-vis de l'autre et tous vis-à-vis des locataires, troublés par la reconstruction, s'ils ont aggravé l'exercice de la servitude et excédé leurs droits.

Il y a lieu également de voir, en pareil cas, si la faute des propriétaires ne s'est pas compliquée de quelque faute des locataires, dont il doit être tenu compte dans l'évaluation du préjudice.

Quand il ne s'agit pas de réparations prévues par l'article 1724 du Code civil, le propriétaire n'est pas fondé à opposer au locataire la clause du bail l'obligeant à supporter sans indemnité ni diminution de loyers les grosses réparations.

Par son jugement, en date du 29 mai 1884, le Tribunal civil de la Seine avait ainsi statué :

« LE TRIBUNAL,

« Ouï en leurs conclusions et plaidoiries : DEBACQ, avocat, assisté de AUDOUIN, avoué de Mlle Ferreira ; Ch. LACHAUD, avocat, assisté de COLLIN, avoué de veuve Labrosse ; LENTÉ, avocat, assisté de BERTON, avoué de Seuta ; FOURNIER, avocat, assisté de LAISNEY, avoué de Marcou ; le ministère public entendu et après en avoir délibéré conformément à la loi, jugeant en premier ressort, joint les causes, vu leur connexité, et statuant sur les diverses demandes par un seul et même jugement ;

« Attendu que Seuta, propriétaire de l'immeuble rue de Penthièvre, 32, ayant voulu édifier des constructions, a fait démolir un mur mitoyen (désigné au plan de l'expert Hardy sous les lettres C D E F G H et J), séparant sa propriété de celle rue de Penthièvre, n° 30, appartenant à la veuve Labrosse ;

« Que la démolition de ce mur a atteint et mis à jour : 1° un bâtiment désigné au plan par la lettre X, appartenant à la veuve Labrosse, et faisant partie de l'établissement de bains alors exploité par Mlle Ferreira, sa locataire ;

« 2° Un bâtiment de construction légère, désigné au plan par la lettre Y, élevé sur le terrain de la veuve Labrosse par un des prédécesseurs de Mlle Ferreira et appartenant à cette dernière, qui l'a acquis en même temps que l'établissement de bains ;

« 3° Un pavillon désigné au plan par la lettre Z appartenant à Mme Labrosse mais dépendant des localités dont Mlle Ferreira était locataire, ledit pavillon sous-loué à Marcou, photographe ;

« Sur la demande de Mlle Ferreira et les demandes en garanties qui s'y rattachent :

« Attendu que des constatations de fait de l'expert Hardy, il résulte que le mur mitoyen (partie C) démoli par Seuta était un ancien mur de clôture de 40 centimètres d'épaisseur seulement, composé de médiocres matériaux, mais que néanmoins ce mur qui, du côté de la propriété Labrosse, était garni d'un autre mur en briques, sur lequel reposaient les constructions de la veuve Labrosse (bâtiment X), et celles de Mlle Ferreira (bâtiment Y), ne portaient en réalité presque rien, et bien qu'il fût mal fondé et mal construit, était capable de soutenir les constructions qui y étaient adossées ; qu'il aurait pu durer un certain temps, et qu'en conséquence il était suffisant pour la veuve Labrosse et la demoiselle Ferreira, en tant que propriétaire du bâtiment Y ;

« Que ce mur était insuffisant pour les constructions que Seuta se proposait d'édifier et que ce dernier l'a démoli et reconstruit dans son seul intérêt ;

« Attendu que Seuta, en opérant cette démolition et cette reconstruction, a usé d'un droit qui lui appartenait et qui était la conséquence de la double servitude active et passive résultant de la mitoyenneté ;

« Qu'il est constant que l'exercice régulier de ce droit l'astreignait à supporter tous les frais de la reconstruction (compris étais, clôtures, raccords, etc...), mais ne l'obligeait nullement en principe à payer aucune indemnité au voisin, tenu de souffrir l'exercice de la servitude de mitoyenneté ;

« Mais attendu qu'il est établi que Seuta qui, dès le 8 décembre 1879 avait, en enlevant un morceau de bois pourri, engagé dans le mur, fait une ouverture dans une pièce du rez-de-chaussée du bâtiment X.. a, entre le 31 janvier et le 8 février 1880, sans autorisation de l'expert, fait démolir le mur et enlever les repères de l'alignement, et ce avant que les clôtures fussent terminées et les étaiements achevés ;

« Qu'il a fait opérer des fouilles sans précautions suffisantes ;

« Qu'il a fait reconstruire avec lenteur ce mur qu'il avait précipitamment démoli et qu'à raison de cette lenteur préjudiciable à la demoiselle Ferreira, il a été mis en demeure de hâter ses travaux ;

« Qu'enfin, à cause des divergences d'opinion existant entre lui et l'expert sur le mode de reconstruction du mur, et sur le plus ou moins de solidité du sol et de son refus de se rendre aux observations dudit expert, le dernier a dû dégager sa responsabilité au sujet de la reconstruction du mur et se faire donner acte de ce que Seuta le reconstruisît à ses risques et périls ;

« Qu'il est donc établi que Seuta, au lieu d'user régulièrement de son droit légitime, a commis des imprudences et des fautes qui ont aggravé pour la veuve Labrosse (bâtiment X) et pour Mlle Ferreira (bâtiment Y), les troubles et dommages résultant de l'exercice de la servitude ;

« Que ces fautes engagent la responsabilité de Seuta et l'obligent à réparer le préjudice qui en est résulté ;

« Qu'il suit de là que c'est à tort que Seuta soutient ne rien devoir soit à la veuve Labrosse, soit à Mlle Ferreira à raison de ses travaux ;

« Attendu que la veuve Labrosse, propriétaire du bâtiment X faisant partie des lieux loués à Mlle Ferreira, devait assurer à cette demoiselle la paisible jouissance dudit bâtiment ;

« Qu'elle lui devait aussi, aux termes de l'article 1726 du Code civil, garantie du trouble apporté à la jouissance par un tiers ;

« Que ne s'agissant pas, dans l'espèce, de réparations prévues par l'article 1724 du Code civil, c'est-à-dire de réparations urgentes ne pouvant être différées jusqu'à l'expiration du bail, la veuve Labrosse n'est pas fondée à opposer à la demoiselle Ferreira les clauses de son bail, l'obligeant à supporter sans indemnité ni diminution de loyer les grosses réparations, quelle qu'en soit la durée ;

« Attendu que de ce qui précède il résulte :

« Que Mlle Ferreira, en tant que locataire du bâtiment X, est recevable et fondée à réclamer à Mme veuve Labrosse, sa bailleresse, indemnité à raison du trouble apporté à sa jouissance du bâtiment X ;

« Que la veuve Labrosse est fondée à demander à Seuta, de la garantir et indemniser dans la limite des fautes qu'il a commises et dont il est responsable, des conséquences de l'action de la demoiselle Ferreira ;

« Que Mlle Ferreira, en tant que propriétaire du bâtiment Y, dans la jouissance duquel elle a été troublée par les travaux de Seuta, est, de ce chef, fondée à agir contre ce dernier, en réparation du préjudice qui lui a été causé par les fautes qu'il a commises, en dehors de l'exercice normal et régulier de son droit de servitude, à qui la veuve Labrosse ne doit assurer que la jouissance du terrain sur lequel est édifié ce bâtiment et non celle du bâtiment lui-même, ne peut rien réclamer à la dame veuve Labrosse à raison du trouble éprouvé dans la jouissance dudit bâtiment ;

« Sur l'étendue du préjudice et son évaluation :

« Attendu qu'il résulte des constatations de l'expert que les travaux faits dans les bains n'ont duré que du 7 février à fin mai 1880, soit un peu moins de quatre mois ;

« Que Mlle Ferreira compte à tort comme délais de travaux le temps pendant lequel elle a négligé, les travaux étant faits, d'occuper à nouveau dans le bâtiment X la pièce du fond qui était à sa disposition et où le tassement du mur reconstruit et le ravalement du vieux pan de bois mitoyen, à la démolition prochaine duquel elle a cru par erreur, avaient déterminé quelques crevasses ;

« Qu'elle a contribué, par des hésitations et des négligences dont l'expert fait mention dans son rapport à retarder l'achèvement des raccords, exécutés chez elle ;

« Attendu en outre que le bâtiment Y, à l'égard duquel elle doit supporter seule et sans recours tout le préjudice qui aurait pu résulter de l'exécution normale et régulière des travaux de Seuta, était précisément celui qui, de son aveu même, lui procurait le plus de bénéfices puisqu'on y trouvait, au rez-de-chaussée, l'hydrothérapie et ses dépendances et, au premier étage, les bains russes avec leurs dépendances ;

« Attendu, d'autre, qu'il est juste pour l'évaluation des indemnités, de faire état, dans une certaine mesure, des frais justifiés de la publicité que la demoiselle Ferreira s'est déterminée à faire, un peu tardivement peut-être, en vue de ramener à son établissement la clientèle que les travaux avaient pu éloigner ;

« Attendu qu'en tenant compte des diverses remarques ci-dessus, il y a lieu d'évaluer, d'après les documents du procès, à la somme de

7,500 francs le préjudice total causé à la demoiselle Ferreira pour privation de jouissance du bâtiment ;

« Qu'il échet, en conséquence, de condamner la veuve Labrosse à payer à Mlle Ferreira ladite somme de 7,500 francs et de condamner Seuta à garantir et indemniser la veuve Labrosse de ladite condamnation dans la mesure des fautes par lui commises, soit jusqu'à concurrence de 3,500 francs ;

« Qu'il convient également d'évaluer à 3,500 francs la somme que Seuta doit à titre de dommages-intérêts à la demoiselle Ferreira en tant que propriétaire du bâtiment Y, à raison de ses fautes, lenteur et négligence, et de le condamner, en conséquence, à payer ladite somme de 5,500 francs à ladite demoiselle Ferreira ;

« Sur les 619 francs de travaux mis par l'expert à la charge de la demoiselle Ferreira :

« Attendu que ces 619 francs sont la représentation des travaux de réfection des combles vicieusement établis du bâtiment Y, qui déversait ses eaux sur la propriété Seuta et de la substitution de matériaux neufs à des matériaux usés qui n'ont pu être reposés ;

« Que c'est avec raison que l'expert a mis ces travaux à la charge de la demoiselle Ferreira ;

« Que Seuta n'en peut être tenu ;

« Qu'il convient donc, de ce chef, de maintenir le travail de l'expert ;

« Sur la demande de Marcou et les demandes en garanties qui s'y rattachent :

« Attendu que l'expert a constaté que le mur mitoyen C D E F G H, dont la démolition par Seuta a mis à jour le pavillon appartenant à la veuve Labrosse et occupé par Marcou, sous-locataire de Mlle Ferreira, était un ancien mur de clôture fort médiocre et qui était surélevé ;

« Que néanmoins ce mur pouvait soutenir les constructions qui y étaient adossées et était suffisant pour Mme Labrosse ;

« Que ce mur, insuffisant pour Seuta a été démoli et reconstruit par lui dans son seul intérêt ;

« Que Seuta, en faisant ces travaux a usé de son droit et qu'en principe, l'exercice régulier de ce droit, en l'astreignant à supporter seul tous les frais de la reconstruction ne l'obligeait à aucune indemnité envers la veuve Labrosse ;

« Mais attendu que Seuta en entreprenant la démolition du mur mitoyen sans autorisation de l'expert et avant l'achèvement des clôtures et étaiements, en fouillant au pied de ce mur sans précautions suffisantes, en exécutant d'une façon incomplète l'ordre qui lui avait été donné, le 11 février 1880, par l'expert d'étayer d'urgence le pavillon Marcou, en obligeant l'expert à faire étayer ce pavillon sous la direction et selon les règles de l'art, en refusant de suivre les avis de l'expert, a commis des imprudences et des fautes qui ont aggravé le dommage résultant de l'exercice de la servitude et engagé sa responsabilité :

« Attendu, dès lors, que Seuta est mal fondé à soutenir qu'il ne doit rien à la veuve Labrosse à raison de ses travaux ;

« Attendu que la veuve Labrosse, propriétaire du pavillon Z, en devait assurer la paisible jouissance à la demoiselle Ferreira ;

« Qu'elle devait également la garantir du trouble apporté à sa jouissance par un tiers (article 1726 du Code civil) ;

« Que Mlle Ferreira était tenue des mêmes obligations envers Marcou, occupant comme sous-locataire ce pavillon Z ;

« Attendu que, ne s'agissant pas, dans l'espèce, de réparations prévues par l'article 1724 du Code civil, la veuve Labrosse n'est pas fondée à opposer à Mlle Ferreira la clause de son bail l'obligeant à supporter sans indemnité, ni diminution de loyers, les grosses réparations, par le même motif, il n'y a lieu de faire état de la clause analogue, bien que moins rigoureuse, existant dans le sous-bail consenti à Marcou ;

« Attendu que, de ce qui précède, il résulte que Marcou, sous-locataire du pavillon Z, est recevable et fondé à réclamer à Mlle Ferreira, sa bailleresse, une indemnité à raison du trouble apporté à sa jouissance ;

« Que Mlle Ferreira est recevable et fondée à demander à la veuve Labrosse de la garantir et indemniser des conséquences de la demande de Marcou ;

« Et qu'enfin la veuve Labrosse est également recevable et fondée à demander à Seuta de la garantir dans la mesure des fautes dont il est responsable des condamnations qui pourraient être prononcées contre elle ;

« Attendu que c'est à tort que Marcou a agi directement contre la veuve Labrosse en même temps que contre Mlle Ferreira et qu'il a conclu à une condamnation solidaire contre ces deux personnes ;

« Que c'est à tort également que Mlle Ferreira a prétendu devoir être mise hors de cause par les motifs que Marcou acceptant l'offre à lui faite par la veuve Labrosse de faire les travaux nécessaires pour que ce pavillon, qui menaçait ruine, redevînt habitable, aurait reconnu que c'était contre cette dernière seule qu'il devait agir ;

« Que s'il est constant que ce n'était pas à Mlle Ferreira, locataire, mais uniquement à la veuve Labrosse propriétaire, qu'incombait la charge de rétablir ce pavillon, tombant de vétusté, et s'il est juste d'admettre, en conséquence, que ladite demoiselle ne devra supporter, en définitive, aucune part de l'indemnité qui sera allouée à Marcou, il n'est pas moins certain qu'elle doit être maintenue au débat, comme bailleresse de Marcou, rattachant ce dernier à la veuve Labrosse, propriétaire de l'immeuble ;

« Sur l'étendue du préjudice et sur son évaluation :

« Attendu que dès le 18 février 1880, l'expert a averti Marcou qu'il avait à déménager parce que la démolition du mur mitoyen allait mettre complètement à jour son pavillon ;

« Que néanmoins le départ de Marcou a été ajourné à raison de pourparlers entre la veuve Labrosse et Seuta en vue d'un échange d'un terrain, en sorte qu'il n'a commencé à déménager que le 4 mars 1880 ;

« Attendu que l'expert, au moment où il allait entreprendre, après reconstruction du mur, les travaux de raccord, s'est aperçu que les planchers du pavillon étaient dans un état de vétusté très accusé ;

« Qu'ayant reçu en référé mission de constater l'état du pavillon, il a trouvé les planchers en partie pourris et tous les pans de bois de façade et de refend pourris et décomposés au rez-de-chaussée ;

« Attendu que la veuve Labrosse, en présence de ce fâcheux état de choses et des dépenses considérables qui allaient lui incomber, s'est décidée, après de longues hésitations, à demander à l'expert, qui y a consenti, de lui laisser faire par elle-même les travaux nécessaires ;

« Qu'elle a repris en sous-œuvre les pans de bois et réparé les planchers, et qu'en même temps elle a fait les raccords extérieurs nécessités par la construction du mur mitoyen, tandis que l'expert exécutait au pavillon Z, comme il l'a fait au pavillon X, les travaux de modification des combles et couvertures, travaux qu'il a réglés à une somme de 913 fr. 84 c., qu'il a, à bon droit, mis à la charge de la veuve Labrosse ;

« Attendu que les travaux de réfection du pavillon, tardivement commencés par la veuve Labrosse, ont duré longtemps et que Marcou n'est rentré en possession de son atelier que le 25 août et de son logement que le 6 septembre ;

« Qu'il a donc été privé des localités qu'il habitait et où il exerçait son industrie pendant 186 jours ;

« Attendu que la demande d'indemnité de Marcou est fort exagérée ; que sa prétention de faire considérer ses recettes, d'ailleurs non suffisamment justifiées comme bénéfices nets, est absolument inadmissible ;

« Qu'il est évident en effet que l'industrie photographique est comme toutes les autres grevée de frais généraux importants qui, pour le calcul des bénéfices, doivent être déduits des recettes et qu'on ne peut accepter comme exacte l'assertion de Marcou qui prétend travailler seul et arriver à faire 12,000 francs de bénéfices annuels, sans autres frais généraux qu'une dépense de 400 francs de produits chimiques, papiers, cartons, etc.;

« Attendu que des documents de la cause, il résulte que le préjudice que Marcou a pu éprouver pour privation de bénéfices et diminution de clientèle peut être évalué à la somme de. . . . . 6.000 fr. »

« Qu'il convient d'ajouter à cette somme, celle de 92 fr. 36, pour 24 jours de loyer, du 6 septembre au 1er octobre, Marcou ayant dû payer jusqu'au 1er octobre le logement provisoire où il s'était installé pendant les travaux et ne devant pas supporter double loyer 92 36

« Qu'il est également juste de lui accorder pour dépenses diverses (déménagement et emménagement, contributions, assurance, détérioration de matériel et de mobilier) la somme par lui réclamée de. . . . . 925 »

« Ce qui porte le total de l'indemnité à lui attribuer à la somme de. 7.017 36

« Attendu dès lors qu'il y a lieu de condamner Mlle Ferreira à payer à Marcou cette somme de sept mille dix-sept francs trente-six centimes pour toute indemnité ;

« Qu'il convient de condamner la veuve Labrosse à garantir et indemniser intégralement Mlle Ferreira de cette condamnation ;

« Et enfin de condamuer Seuta à garantir et indemniser la veuve Labrosse, mais seulement jusqu'à concurrence de la somme de trois mille deux cent trente francs ;

« Sur la demande de la veuve Labrosse contre Seuta, en paiement de 1,981 francs pour travaux :

« Attendu qu'il résulte du rapport de Hardy, expert, qu'il a laissé à la veuve Labrosse, qui reprenait en sous-œuvre et rétablissait le pavillon Marcou à ses frais et par ouvriers de son choix, le soin d'opérer dans ce pavillon les raccords intérieurs nécessités par la reconstruction d'un mur mitoyen ;

« Qu'il est établi que les raccords ont été faits par la veuve Labrosse ;

« Qu'ils sont à la charge de Seuta, qui a démoli et reconstruit le mur dans son seul intérêt ;

« Mais attendu que la somme de 1,981 fr. 05 c. réclamée paraît exagérée et s'appliquer pour partie à des travaux que Seuta ne doit pas supporter ;

« Qu'il convient, d'après les documents du procès, de la réduire à 1,300 francs ;

« Que Seuta doit être condamné à payer à la veuve Labrosse ladite somme de 1,300 francs ;

« Attendu enfin que la veuve Labrosse demande à ce qu'il lui soit donné acte de ce qu'elle consent à supporter les frais, mis à sa charge par l'expert, pour travaux occasionnés par les infiltrations ;

« Mais attendu que l'expert ne met à la charge de la veuve Labrosse aucuns frais de travaux occasionnés par des infiltrations ;

« Que commis en référé en mai 1880 sur la demande de Seuta, afin de rechercher les causes d'une inondation survenue dans une des caves de la propriété Seuta, il déclare n'avoir rien pu constater de précis, et laisse à la charge de Seuta les frais d'ailleurs peu importants des travaux effectués ;

« Qu'en fait de travaux, il n'impose à la veuve Labrosse que le coût, s'élevant à neuf cent treize francs quatre-vingt-cinq centimes (913 fr. 85) de la modification des combles et couvertures des bâtiments X et Y, lesquels étaient mal disposés et déversaient leurs eaux de façon à empêcher les constructions Seuta ;

« Que dans ces conditions, la demande de donner acte paraissant être le résultat d'une erreur, il n'y a lieu d'avoir égard ;

« Par ces motifs,

« Condamne la veuve Labrosse à payer à Mlle Ferreira-Franca la somme de 7,500 francs, ensemble les intérêts à 5 0/0 l'an de ladite somme, à partir du jour de la demande ;

« Condamne Seuta à garantir et indemniser en principal et intérêts la veuve Labrosse des condamnations contre elle prononcées au profit de Mlle Ferreira, mais jusqu'à concurrence seulement de la somme de 3,500 francs et des intérêts de cette somme ;

« Condamne Seuta à payer à Mlle Ferreira-Franca la somme de 5,500 francs avec les intérêts à 3 0/0 du jour de la demande ;

« Dit n'y avoir lieu de mettre à la charge de Seuta les 619 francs de travaux que l'expert a imposés à la demoiselle Ferreira, notamment pour modification des combles et couvertures du bâtiment Z, dont elle était propriétaire ;

« Condamne Mlle Ferreira à payer à Marcou la somme principale de 7,017 fr. 36 c., ensemble les intérêts à 5 0/0 de ladite somme du jour de la demande ;

« Condamne la veuve Labrosse à garantir et indemniser intégralement en principal et intérêts la demoiselle Ferreira des condamnations contre elles prononcées au profit de Marcou ;

« Condamne Seuta à garantir et indemniser, en principal et intérêts, la veuve Labrosse des condamnations en garantie contre elle prononcées, au profit de la demoiselle Ferreira ; mais jusqu'à concurrence seulement de la somme de 3,230 francs et des intérêts de cette somme ;

« Condamne, en outre, Seuta, à payer à la veuve Labrosse, la somme principale de 1,300 francs, pour travaux de raccord à l'intérieur du pavillon Z, occupé par Marcou, ensemble les intérêts à 5 0/0 de ladite somme, du jour de la demande ;

« Dit n'y avoir lieu de donner acte à la veuve Labrosse de ce qu'elle déclare consentir à payer les frais, mis à sa charge par l'expert pour travaux occasionnés par les infiltrations ;

« Entérine le rapport de l'expert Hardy en tout ce qui n'est pas contraire aux dispositions du présent jugement ;

« Déclare les parties mal fondées dans le surplus de leurs fins, demandes et conclusions respectives, les en déboute, et statuant à l'égard des dépens ;

« Dit que les dépens de référé de mai 1880, relatif à l'inondation des caves seront supportés en entier par Seuta ; que Marcou supportera seul les frais de l'assignation par lui délivrée le 17 novembre 1880 à Mme Labrosse ;

« Fait masse du surplus des dépens des demandes principales et en garanties, compris ceux de référé et d'expertise et le coût de l'enregistrement du présent jugement, pour être supportés moitié par la veuve Labrosse et moitié par Seuta.

Sur l'appel, Me Lenté s'est présenté pour M. Seuta ; Me Debacq, pour Mlle Ferreira ; Me Ch. Lachaud, pour Mme Labrosse ; Me Tournier, pour M. Marcou. La Cour de Paris, 5e Chambre, sur les conclusions de M. l'avocat général Bloch, a rendu l'arrêt suivant à la date du 30 novembre 1886 :

« La Cour,

« Vu la connexité, joint les causes et statuant par un seul et même arrêt, tant sur les appels principaux interjetés par Seuta, veuve Labrosse et demoiselle Ferreira-Franca, d'un jugement rendu par le Tribunal civil de la Seine le 29 mai 1884, que sur les appels : 1° incidents de la veuve Labrosse et de demoiselle Ferreira-França ; 2° éventuel et incidemment éventuel de veuve Labrosse, relevés contre le même jugement ;

« Considérant que Seuta, au cours des premiers mois de l'année 1880, pour élever la maison qu'il possède aujourd'hui à Paris, rue de Penthièvre, 32, a dû procéder à la reconstruction du mur mitoyen entre son immeuble et l'immeuble voisin, situé numéro 30, possédé par la dame Labrosse ; qu'il a dû abattre le mur existant et en reconstruire un autre : 1° dans la partie du fond de son immeuble confinant

www.ingramcontent.com/pod-product-compliance
Ingram Content Group UK Ltd.
Pitfield, Milton Keynes, MK11 3LW, UK
UKHW012228240726
13966UKWH00003B/1011